使える学力の育て方

杉並区立松ノ木中学校教諭
冨塚大輔

すべての生徒が自学自走できる授業づくり

東洋館出版社

はじめに

「この勉強は、将来何かの役に立つのだろうか…」

走ることは求められるのだけど、ゴールは示されず、自分がどこに向かって走っているのかわからない勉強ほどつらく、身にならないことはありません。横向きのコップに水を入れるようなもので、入れた最中からこぼれ落ちていきます。そしてこれは、学生時代の私自身の姿でもあります。

では、教師になったいまは？

「日々行っている授業が、生徒の将来にどのように貢献できるだろうか…」

生徒と教師、立場が逆転しているので問い方は変わりますが、問いのベクトルは変わらないように思います。

私には、教師として生徒につけさせたい力があります。そのために入念な準備をし、授業に臨みます。しかし、本当に身につけられているのだろうかと、不安になることがあります。定期考査で測定できる力は、生徒につけたい力のほんの一部にすぎません。

こうした不安を払拭し、胸を張って授業に臨み、生徒の学力向上に寄与できるように日々精進されている先生方は多いと思います。そんな先生方のお役に少しでも立ちたいという思いから、本書を上梓しました。

●学校社会の常識と実社会の常識とのギャップ

そんな私は、大学を卒業後、民間企業への就職を選択します。その環境下で、学生時代とはあまりにもかけ離れたギャップに衝撃を受けることになります。

100点で満点ではなく、101点目からが正解だという考え方、知識を「知っていること」と「使えること」とは異なる能力だということ、一見すると順調にいっているように見える凪《なぎ》のときこそ危険地帯に身を置いている（そんなときこそ、いつも以上に注意深く仕事を遂行するべき）など、数多くのことを学びました。

社会人2年目になると、新卒者の採用にかかわる機会を得ました。入社希望者から志望動機等を聞くだけではなく、自社のよさを知ってもらう仕事です。

このとき、人を採用するには金銭的にも時間的にも多くを割かなければならないことを学びました。また、志望者一人一人がもっているものを引き出すことが重要であること、そして採用側の私たちが学生を見ているだけでなく、自分たちもまた学生から見られていることの怖さも学びました。

3年目には、新人研修にも参加しました。研修では、新人が見ている前で「取引相手からどのようにアポイントを取ればよいのか」を実演して見せました。そのときの新人社員の様子を見ていて改めて感じたのが、学校社会と実社会とのギャップです。

求められている価値観や能力、身の処し方が違いすぎて、「学生時代に学んできたことは実社会で通用しない」「自分の考え方をリセットしなければやっていけない」という悩みをもたらしてしまうというギャップで、私自身も味わった苦い思いです。

このような経験を経たことで、教師になってからは「学校社会の常識と実社会の常識のギャップを埋める教育実践をどのように考え、実行に移していくか」を、自分の解決すべき最大の課題だとみなすようになりました。

日々行っているこの授業が、実社会とどのようにつながるのか。民間企業での経験から見えてきた「本当に生きて働く汎用的な能力」とは何か。自分の授業が実社会でどのように役立て得るか。こうしたことを考えながら、日々の授業や学級活動、部活動を行っています。

＊

最初に就いた職場で学んだことは、生涯忘れないと言います。のみならず、ほかの部署への異動、あるいは転職を繰り返したとしても、その人の社会人生活に影響を及ぼし続けるように思います。

私の場合には民間企業の営業職でした。そのためか、教師になったいまも「教師とは常にこうあるべきだ」といった意識が希薄であるように思います。だったら、「その目線をこそ大切にすればいいかな」と考えています。生徒を先導するよりも、自走する生徒の脇を伴走する教師でありたいと考えています。

令和3年8月吉日　冨塚 大輔

〈目次〉

第1章 中学校らしい授業の姿と使える学力のバリエーション

第2章 生徒が自学自走できる授業のつくり方

第3章　1時間ごとの授業マネジメント

第4章　使える学力を育てる実践

第5章　中学校教育にまつわるアレコレ

第1章

中学校らしい授業の姿と使える学力のバリエーション

本章では、私の指導観を踏まえた中学校らしい授業のあり方や、生徒たちが実社会に出たときに使える学力のバリエーションについて述べていきます。

まずは「授業の主役は誰か?」という問いから考えていきましょう。

授業の主役は誰か

教師になる前は、建材を輸入販売する民間企業で働いていました。当時のことを思い返すと、働きはじめて間もないころは人見知りな性格が災いして、うまくいかないことばかり。自社で扱う商品知識を身につけようと躍起になるものの、お客様のほうが詳しいことも多く、よく恥をかいていました。

当時の上司からは、「誰のためにやるのか」と問われたものです。しかし、当時の私は「そんなの、自分の売り上げを伸ばすためでしょ」と思い込んでいて、上司の言葉の意味を理解していませんでした。〝ノルマを達成しなければ…〟というプレッシャーのなかで時間に追われる日々が続き、心に余裕をもてなかったのでしょう。

しかし、そんな私も、上司に同行するにつれて以下の二つに気づけるようになります。

●取引相手と交渉中、相手が話しているときの表情をしっかり見ていなければ、相手の意図や真意をつかむことができない。
●相手の求めていることを理解したうえでなければ仕事を受注できない。

いずれも当たり前のことです。

しかし、それまでの私は、商品を説明したくてカタログの文章を読み上げてばかりだったし、自分の成績を上げられそうな商品ばかりプレゼンしていました。要するに、自分都合の営業になっていたのです。また、商品説明さえしっかりできていれば、自分は役目を果たしていると、身勝手な安心感を得ていたことにも気づきます。

この時点でようやく、上司の口ぐせだった「誰のためにやるのか」の意味を理解できたように思います。それ以後は、商品を説明するにも相手意識を強くもち、お客様に喜んでもらえる機会も少しずつ増えていきました。

ここで、学校現場に目を転じます。

「授業の主役は誰か？」と問われたら、みなさんはどのように答えるでしょう。「生徒に決まってるでしょ」とお答えになるのではないでしょうか。私もそう答えます。問題は、現実の授業でもそうなっているかです。主役であるはずの生徒が脇役に徹していて、教師である自分が主役の座に躍り出てしまうことはないでしょうか。

残念ながら私には、そんな経験が幾度となくあります。だからこそ、そうならないよう、日々の自分の受け止め方や方法を戒めています。授業が、生徒の成長よりも、教師の気分を満たすものになってしまえば、生徒の学びが置いてけぼりになるからです。

では、どういうときに教師である自分が主役になる授業にしてしまうのか…。

一つには、自分にとって都合のよい（やりやすい）タイミングでしか話をしていないときです。生徒がせっかく自分で考えていたり、ノートに書いていたりするにもかかわらず、（それと気づかず）唐突に説明をはじめてしまうことなどが最たる例です。要するに、生徒の表情や活動の様子を〝見ているようで、実は見えていない〟のが原因です。

大人同士でもそういうことがありますよね。相手が集中して計算していたり、誰かと打ち合わせをしていたりするのに、タイミングを見計らずに話しかけてしまうのに似ています。

このように、生徒たちの姿が見えていないと、自分では適切な指導をしているつもりが、実は生徒の学習の邪魔にしかなっていないことがあります。

いい授業を行うためには、入念な準備や的確な説明を行う力などが求められますが、まずは生徒の思考や学習活動を邪魔しないことだと私は考えています。そのために必要なのが、生徒の注目を集めるべきときとそうでないとき、むしろそうであってはいけないときの峻別です。これは、生徒の姿がよく見えていないとできません。

それともう一つ、授業をクローズする段階で、生徒ががんばったこととズレた締め方をしてしまうケースです。具体的には、生徒があれこれと自分なりの意見を出してくれていたのに、最後の最後で「私がこの授業でみなさんに伝えたいことは○○です」と、（生徒の意見と何のつながりもない）自分の考えを述べて締めてしまう授業です。

生徒にしてみれば、〝いままで出し合ってきたのは何だったの？〟という受け止めとなります。これも、生徒の現状が見えていないために軌道修正がかけられない、もしくはかけようとしない例で、生徒を授業の脇役にします。

授業を通じて生徒に伝えたいことがあるのは素晴らしいことです。問題は、自分が行わせている学習活動とリンクしているか、学習を通じて生徒が考えたことの延長線上にあるかです。そうでないと、教師の語りは、生徒の学習にとって無益であるばかりか、学ぶ意欲さえも奪いかねません。

ただ、そうなってしまいがちな理由も理解できなくもありません。私たち教師は誰しも〝教えたがり屋〟だからです。大なり小なり〝上手に教えるのが好き〟なのです。

こうした心情そのものは、悪いことではありません。むしろ教師としての自然な特性の一つだと思います。問題となるのは、〝自分の思うとおりに教えたい〟という思いが強くなりすぎるときです。たとえば、次のような場合がそれに当たります。

●情熱がすごくあって、〝「主体的・対話的で深い学び」のある授業で生徒の資質・能力を育むんだ〟という意気込みが強すぎて、自分の思いどおりに授業を進めようとする場合

●あと5分経ったらこの発問、10分経ったらグループ活動を行うといったように、自分の立てた計画どおりに授業を進めることにこだわってしまう場合

いずれも共通することは、（前述のように）〝生徒の姿は視界に入っているはずなのに、実は見えていない〟ことです。そのため、教師に求められていることを生徒が理解していなかったり、自分の考えをプリントに書ききれていない生徒がたくさんいたりしても、その様子に気づきません。その結果、自分の思いとは裏腹に、自分が授業の主役になってしまうのです。

また、〝自分が主役でないと不安になる（生徒に任せるのが怖い）〟という心情が働く場合もあります。研究授業などで起きやすいケースです。周囲からの批判を浴びたくないばかりに、授業を教師の独り相撲にしてしまうわけです。

〝私にはこれだけの知識がある、上手に教える指導力もある〟という自負が、虚勢に、よって支えられている部分が、（私も含めて）教師には少なからずあります。その結果、〝だから私についてこい〟と言わんばかりに、（授業の主役は生徒であるという思いをもちながらも）自分が躍り出てしまう。

授業は生きものです。生きているからこそ、常に不確実性の渦中に身を置くことになります。そのため、つい生徒をコントロールしたくなります。しかし、授業においてコントロールすべきは、教師としての心情のほうだと思うのです。

授業の手綱

新学習指導要領の全面実施を受け、どの学校段階でもこれまで以上に授業改善が求められる昨今ですが、中学校の場合はどうでしょうか。知人の話では、より対話的に、より子どもに学習を託せるようにすることを目的として、小学校に足を運び、授業を視察する（小学校のやり方に学ぶ）実践もあるようです。

授業の質向上に貢献できるのであれば、どのような方法でも基本的にはいいと思います。ただし、気をつけなければならないこともあります。右の例で言えば、これまでの中学校での実践を否定的にとらえ、授業のあり方や指導方法までも小学校ナイズしてしまうことです。

義務教育段階が、小学校6年間と中学校3年間に分かれているのは意味があります。生徒の発達段階や入試対応などの違いを踏まえずに、ただ小学校のやり方を真似ようとすれば、意図せぬところで弊害が生じるでしょう。その最たるものが授業の手綱です。

中学校においては、基本的に授業の手綱を生徒に渡してはいけないと私は考えています（行事や生徒会活動、部活動については話は別です）。だからといって、いつ、いかなるときも締めつけたほうがいいと伝えたいわけではありません。

私が提案したいのは手綱の握り方です。つまり、手綱は教師が握っているのですが、ときには握り締め、ときには緩めるといった緩急をつけるということです。

たとえば、生徒が主体的に活動している最中は緩めます。また、単元や各時間のクロージングのときであれば、軽く握り直します。このときに握り締めすぎると、生徒を受け身にしてしまいます。逆に緩めすぎるとオープンエンドになってしまい、生徒に身につけさせるべき知識が抜け落ちます。

簡略化して言うと、**授業の冒頭では教師が手綱をしっかり握り、その時間にどんな学習を行うのかを方向づけ、生徒が活動する時間帯にはできるだけ緩め、終末には軽く握**

り直すといった案配です。

小学校ではオープンエンドの授業を展開することもあるそうですが、道徳を例外とすれば中学校ではクローズエンドが定石です。

大切なことは、生徒一人一人の主体性を発揮させたいときの緩め方です。生徒の姿が見えてさえいれば、どれだけ緩めても問題ありません。進む方向がズレることがあれば、アドバイスしたりコーチングしたりすればよいのです。

生徒がいま、どういう状況にあるのか、書いているのか、考えているのか、戸惑っているのかを見定める。その状況に応じて手綱の緩め具合いを適切に判断することが生徒の学習効果を高めます。

また、強く握りっぱなしだと、生徒が楽をしはじめるという弊害もあります。教師に言われたことを言われたとおりに行えばいいと受け止め、自分の頭で考えようとはしなくなるからです。すると、既習事項と結びつけて考えたり、新たな発見をしたりする発想が生まれにくくなってしまいます。

小学校との違いから見えてくる中学校の特性

教師が握る手綱という観点から、小学校との相違点に着眼すると、中学校における特性が浮かび上がってきます。

●中学校では授業の手綱を緩めることはしても生徒に託し切ることはしないが、合唱コンクールなどの行事や部活動などの際には生徒の自主性に委ねる（手綱を託す）ことが多い。

●小学校では、（教科等にもよるが）児童の思いや願いをもとにしながら、学び合いを通じて学習課題や学習計画をつくる（授業の手綱を託す）実践を重視している一方で、行事やクラブ活動などでは、教師が割としっかり手綱を握ることが多い。

こうした現象面から私は、次の傾向を見いだします。

【授業】 中学校教師は、どちらかというと結果（評価）を重視し、小学校教師は過程を重視する傾向がある。

【行事や部活動】中学校教師は、どちらかというと過程を重視し、小学校教師は結果を重視する傾向がある。

これらは、児童・生徒の発達段階や入試対応といった差異だけでは説明がつかないと思います。この相違の背景には、教師が誰を見ているかにあるように思われます。

【授業】中学校教師は、生徒の背後にいる保護者を見ている。それに対して、小学校教師は児童を見ている。

【行事や部活動】中学校教師は生徒を見ている。それに対して小学校教師は保護者を見ている。

小学校とはこうした違いがある一方で、共通していることもあります。それは、（強弱はあるにせよ）小学校教師も中学校教師も共に保護者の視線を気にしているということです。

学校教育の文脈では、授業も行事や部活動もみな重要ですが、中学生を子どもにもつ保護者の視線は、（進学、就職と進路選択がある関係上）行事よりも学業に対してより強くなるということです。つまり、小学校とか中学校とかいう以前に、教師がどこを向いて仕事をするかによって、考え方ややり方が変わってくると言えそうです。これが、中学校と小学校とで異なる文化が形成された背景の一つではないでしょうか。

また、こうした傾向は、他の学校種でも見られ、学校段階が下がるにつれて、保護者に向ける教師の視線はより強くなっていきます。

先日、私の子どもが通っている保育所の運動会を参観したのですが、先生方がすごくきっちり、本当に一生懸命つくり込んでくださっていて、親としてはとても楽しいイベントに仕上がっていました。

家に帰ってからも興奮冷めやらず、子どもに「今日の運動会、どうだった？」と尋ねたところ、返ってきた答えは「疲れた」の一言。それ以上の感想はないみたいでした。

普段は、満面の笑みで「今日は○○して楽しかった」と口にしているわが子なので、親である私にとっては拍子抜けしたわけですが、前述のことを想起すれば、〝なるほど、そういうことか〟と合点がいきます。

それだけ学校・教師は保護者の視線に敏感で、保護者が学校の何を見ているかによって、私たち教師の（仕事の中身ではなく手綱を握る）優先度が変わると言えるように思います。

特に受験に着目すれば、近隣の中学校の保護者間でコミュニケーションを図り、各学校の情報を交換したり共有したりする取組があります。ときには学校に直接、要望が寄せられることもあれば、生徒を通して浮かび上がってくることもあります。

土曜日などに学校公開があると、保護者がいる前で普段の授業を行うわけですが、この「普段の」というところがむずかしく、いつも以上にパフォーマンス重視になる教師もいます。目の前の生徒をすり抜けて、〝私はこれだけやっているんだよ〟と保護者にアピールするような授業です。

他方、生徒は多感な時期でもあるので、自分の親が学校に来ることを好みません。加えて、部活動や参観日の保護者の参加人数も小学校よりは少ないと思います。このように、中学校は保護者にとって足を運びにくい場所であることも手伝って、（地域にもよりますが）中学校の先生は、小学校ほど保護者と関係が密ではありません。

こうしたことから、中学校教師は保護者に対して多少なりとも不安感を抱きがちで、見えないものを見ようとして必要以上に意識してしまう傾向もあるように思います。

授業のゴール

こうした不安を抱きながらも、授業をよりよくしていくとき、私は次のように考えてきました。

授業の手綱を緩める以前に、生徒の姿がよく見えるようにするにはどうすればよいか。自分の目で生徒の様子を確かめながら授業を進めるには何が必要か。

たどり着いた結論がコレです。

生徒の学習の最終的なゴールを明確にする。

いくら生徒の姿を観察していても、自分のなかに明確な指針がなければ、その姿をどう判断したらいいかわかりません。また、その指針が目指すべきゴールでなければ、生徒が正しい方向に進んでいるのかもわかりません。そこで、いかにゴールを明確にするかを考えるようになりました。

ここで言うゴールとは、単元全体のゴールです。そこからブレイクダウンして、一時間一時間のゴールに落とし込みます。指標としているのは学習指導要領です。学習指導要領が定める目標・内容と教科書とをにらめっこしながらゴールを設定するわけです（第2章以降で詳述）。

教師としての自信が、授業の視野を広げる

ここで、教師になりたてのころに遡ります。

初任校で働きはじめたころは、(最初は誰しもそうだと思いますが) 右も左もわからずといった案配で、プリントの文字サイズにはじまり、板書の仕方やタイミング、生徒の見方や話し方、立ち居振る舞い、具体の指導方法に至るまで、授業の基礎中の基礎から指導を受けました。

私を担当いただいた指導教官は、生徒のことをよく観察し、目を配る方でした。話し方や質問の仕方一つで生徒が引き込まれていく様子を垣間見るたびに〝どうやったら、あんなふうにできるんだろう〟と思っていました。

その指導教官の指導方針は、まず私の考えたように授業をさせて、浮かび上がった課題を指摘しながらベースとなる力量を図っていくというものでした。

それはもう本当に叱られてばかりの日々だったのですが、2年目になると少し変化が訪れます。初任の年は1年生の副担任だったのですが、翌年も (今度は担任として) 再び1年生を受けもつ機会を得たことが功を奏したように思います。

つまり、1年かけて修行した同じ学年で生かすことができたことで、ある程度の見通しと自信をもって臨めたのです。もちろん、うまくいかないことはまだまだ多く、そのたびに指導いただいてはいましたが、暗中模索だった前年とは異なり、自分なりにやってみたいことも少しずつ増えていきました。

それに拍車をかけてくれたのが研究授業です。幸運が重なったのだと思いますが、東京都中学校国語教育研究会全国大会での公開授業、区中研という区の授業発表、私が所属している研究会の研究授業など、1年で5回ほどの研究授業を行う機会を得たのです。

いろいろな方からいろいろなご批判を全方位で受けることも多いので、心が折れそうになることもあったのですが、続けているうちに第三者に授業を見られることへの抵抗感が麻痺していったように思います。

すると、最初のうちは〝自分はぜんぜんダメだ〟と落ち込むばかりでしたが、段々と自分にとって有益な批判は取り込み、そうでもなさそうなことは聞き流すしたたかさを身につけていけました。いまは、誰から何を言われたところであまり動じなくなり、やりたいようにやっているという感じです。そうできるのは、自信がついてきたからだと思います。

自信がついてくると、生徒の前に立つものの教材を手にうつむきがちだった私自身の顔がルックアップしてきます。すると、それまで見えていなかった生徒の姿が見えるようになります。授業が教師の意図から外れそうになれば気づけるようになるし、軌道修正できるようになります。

生徒指導の場面や部活動指導の場面などでは、教師は生徒に向かって〝自信をもって〟とよく口にしますが、自信が必要なのは教師も同じだということですね。

そんな私も、これまで〝今回の授業は最高だった、会心の出来だった〟と思えるような授業は一つもありません。どちらかと言うと、〝この授業は本当に国語だと言っていいのか〟と自問自答する日々です。ですから、ここで言う自信とは、〝自分はできるんだ〟という自意識ではなく、〝何か不測の事態が起きても何とかなるさ〟という気分なのだと思います。

そう考えると、有益なのは自信そのものよりも、自信がもたらしてくれる心の余裕なのではないかと思います。**アクセルのあそびのような心の余裕が生徒の姿を鮮明にし、授業を行う自分の様子を俯瞰的にメタ認知してくれる**のだろうと思います。

授業の仕舞い方

二年次研修の一環で行った研究授業のときのことです。最後に少しオープンエンドっぽい方向にもっていこうと考えて展開していたのですが、大失敗してしまいます。

短歌の単元で、授業を通じて「短歌って受け手の想像が広がって、いろいろな読み方があっていいよね」と言い続けていた私なのですが、何を思ったのか、授業の最後になって「この短歌はこういうふうに読めるんですよ」と教科書に書かれていることを読み上げてしまったのです。

この瞬間、〝まずい、失敗した〟と直感しました。

それまで短歌の多様性、おもしろさ、豊かさについて生徒は学んできたし、私自身もそう伝えていたのに、「でも、答えはコレね」と言わんばかりに、与えて奪うようなことをしてしまったわけです。一瞬にして生徒の学びの文脈を壊してしまい、意欲もしぼませてしまいました。

言うまでもなく、教師が教科書教材を読み上げてはいけないということではありません。重要なのは、読み上げる箇所、必然性、タイミングです。このうち、私はタイミングに失敗したわけです。

生徒の学びを壊さない、次の学びにつなげられるようにするために、授業をどう仕舞うべきか、この日以来、とても意識するようになりました。

ワークシートと生徒の変容

話は変わりますが、私は授業で穴埋め式のワークシートを使いません。誘導的になりやすいからです。

ワークシートに印字された空欄は、評価者である教師が求める答えを暗示する記号です。生徒はそのことをよく理解しています。そのため、どんな言葉を入れるのが正解なのかにしか、生徒の意識は向かいません。普段の授業で穴埋めを多用していると、教材に対する生徒の視野を狭めてしまうのです。

以前、私の授業を見てくれた先生から「文学って、本当はもっと広いよね」と指摘を受けたことで気づくことができました。それ以来、（定期テストでもない限り）授業で穴埋め式のワークシートを使うことはしなくなり、生徒が自分の考えをメモしたり、授業の振り返りを書いたりするツールとしてのみ使うようになりました。

そんな私は、生徒が答えを聞きに来ても教えない教師です。そんなふうにしているうちに、何かわからないことがあっても、答えを聞きに来る生徒はいなくなりました。いくら聞いても答えてくれないのだから、当然そうなりますよね。その代わりに、どう考えたらよいか、考え方を聞きに来るようになりました。

これは、生徒の大きな変容です。3年間のもち上がりで、2年近く穴埋めを指示することなく、生徒が聞きに来ても答えを教えない指導を続けた結果の姿です。

それともう一つ、予期せぬことがありました。それは、生徒の概念砕き力の向上です（概念砕きについては後述）。

教科横断型授業の可能性への気づき

ある研究授業を行ったときのことです。参観者から「今日の授業は本当に国語の授業だと言えるのか」「国語の授業でこんなことまで本当にやらなければならないのか」という意見をいただいたことがあります。

参観者がこんな受け止めをすることは、ある程度予想していました。というのは、教科横断型授業だったからです。

この授業は、「書くために必要な情報を集め、整理して書く」力が不足しているという認識（事前に所属校の先生方に対して行ったアンケート結果）から、分科会のメンバーの一人として試験的に行ったものでした。

本時は、2年生の「ふるさとを見つめ直す」単元の第4時で、公民の教科書などに記載されているグラフ、図や表を選択・活用しながら、地域情報レポートを書くという社会科との教科横断を行う学習活動です。地域の魅力を探し、ふるさとのよさや新しい発見を伝える情報誌を制作することを通して、情報を整理する力を養おうと考えていました。

教科横断については、カリキュラム・マネジメントの三つの側面のうちの一つ「教科等横断的な視点で教育内容を組織的に配列すること」が挙げられていることから、一定の支持を得られるかと思ったのですが、そうはならなかったということです。

私が試行的に行った授業は、国語科で完結する教科横断だったために、国語科の固有性が見えにくい授業になってしまっていたようです。こうしたことが、先の研究授業後の意見につながったのでしょう。

私としては、参観者から「本当に？」と問われたことで、発想を切り替えることができました。教科を横断する授業をつくるためには、他教科の授業との連携が必要だという発想です。「他教科の先生方との授業コラボ」と言ったほうがイメージしやすいかもしれません。

教科横断型授業については、これまでも年に一、二度行っていますが、そのうちの一つ、英語の先生との授業コラボについては、第3章で紹介します。

中学校段階で鍛えるべき諸能力

1　生徒が身につけるべき学力

学力と言うと、中学校段階では表向き学習指導要領が定める資質・能力を指し、本音レベルでは希望校に合格する（または就職試験に受かる）ための知識・技能をイメージする方もいるでしょう。それに対して、私は「中学校教育は生徒一人一人の学びの通過点にすぎない」という観点から学力をとらえています。

端的に言えば、将来会社勤めをするにしても、自ら起業するにしても必要となる「自分で課題を見つけ、自分なりにどんどん**学**び進めていける**力**」です。こうしたことから、中学校段階では「一定の課題のもとで、自ら勉強できる（自走できる）」ことを重視しているわけです。

よく課題解決力が大事だと言われます。確かにそのとおりなのですが、課題を解決するためには、まず何が課題なのかを知らなくてはなりません。実は、これがなかなか難題で、課題を解決する力よりも、課題を見つけ出す力を身につけることのほうがむずかしいからです。（言うまでもなく）解決すべき課題を見いだせなければ解決しようがありません。

それに対して、課題を解決する力のほうはトレーニング次第です。このトレーニングを積ませることが、中学校では重要だとみなしているわけです。

国語科であれば、「なぜ、『僕』は、ちょうを一つ一つ取り出し、指で粉々に押しつぶしてしたのか」（『少年の日の思い出』）、「なぜ、王様は、メロスたちの仲間に入れてほしいと言ったのか」（『走れメロス』）、「なぜ、父との別れ際に『えんびフライ』と言ってしまったのか」（『盆土産』）といった課題を教師が設定し、授業を通じて課題解決の方途を身につけられるようにしているわけです。

2　知識の応用と受験学力

物事を「知っている」ということと、知っていることを「使える」ということは、それぞれ明確に分けて考える必要があります。中教審の論点整理（平成27年）でも、「身に付けるべき知識に関しても、個別の事実に関する知識と、社会の中で汎用的に使うことのできる概念等に関する知識とに構造化される」と指摘し、新しい学習指導要領は「何を学ぶか」「何ができるようになるか」「どのように学ぶか」を重視しています。

これらのことを踏まえて、私なりの解釈を述べさせてもらえば、「知っていることを使えてこその学びだ」ということです。また、知っていること同士をくっつけて新しい知識を得ていくことも抱き合わせで必要だと思います。

実を言うと、受験学力も同じです。あまり意識されていないかもしれませんが、単純な暗記だけでは、入試を乗り切ることはできません。

【第1段階】まずは知っていることを増やすこと。
【第2段階】知っていることを使ったり、くっつけたりする能力を磨くこと。

世の中的には、受験テクニックというものも確かに存在するし、一定の効果があることは間違いないと思います。しかし、この二つの段階を踏んでいないと、肝心のテクニックを行使することはできません。なぜなら、この二つの段階が、生徒が自ら学んでいく土台を形成するからです。それゆえに、**知識量の増加と活用、異なる知識間の接着の仕**

方を学べるようにすることが、中学校教育においては特に重要だと考えています。

このような意味で受験学力は、普段の授業で身につけていく学力のバリエーションの一つだと言い換えることができます。

3 解釈力―インプットした情報を平易な言葉に変換できるスキル

これまで私が受けもった生徒のなかにも、素晴らしい力をもった生徒が数多くいます。こうした生徒に共通する力の一つが解釈力です。

素晴らしい力と言うと、真っ先に頭の回転が速いとか、記憶力に秀でているなどとイメージしがちですが、それらは解釈力の要素にすぎないと私は考えています。

国語を例にすると、「読んだ内容を簡単に言葉にできる生徒」を指します。

このような生徒は、「この説明文には、何が書いてあった?」と問うた瞬間に、「○○について疑問をもった筆者が、□□という試行錯誤を経て、△△という結論に達した」などとさらっと言います。

こうした子は、一読で教材の本質と流れを読み取り、頭のなかで自分の言葉に変換する（解釈する）力が強いと感じます。似て非なる力として、要約力が挙げられるかと思いますが、異なる点は、教材の骨格を抜き出すだけでなく、自分なりのとらえ（考え）のもとに文章を再構成していることです。

こうした力を、国語の授業を通じてどのように培っていけばよいでしょうか？　この点については、第3章以降で紹介します。

4　気づける力―既習の知識を使って発想できるスキル

授業の合間、不意に「この言葉って、こっちの言葉につながってくるんですよね」と指摘し出す生徒がいます。言葉と言葉、文と文のつながりを理解できる、いわゆる気づける生徒です。

言葉や文章のつながりに気づけるようになると読み方が変わり、結論部分を正確に早く見つけることができます。これは、思考のスピードの速さというよりも、頭のなかに知識を収めておく箱がたくさんあり、そのなかから目の前の学習に関係しそうな知識を引っ張り出せる力だと思います。既習の知識を使って発想できる力だと言い換えてもよいかもしれません。

また、ここで言う既習とは、基本的には国語の授業で学んだことを指しますが、ときには他教科で学んだことを国語の学習に紐づけてくる生徒もいます。この力も他の力と同様に汎用性の高い力（大人になっても使える力）で、センスのある生徒によく見られますが、授業を通じて後天的に身につけられる力でもあります。

5 段落間の関係性を読み解ける力

文章を読みながら、その説明文の結論を推論できる生徒がいます。結論の目星をつけながら、文章を読み進めていける生徒だと言い換えることもできるでしょう。これは、その生徒の読み方に秘密があります。端的に言うと、段落間の関係性を読み解ける力です。

この力が身についていると、説明文の風向きが変わる起承転結の「転」にもすぐに気づけたり、「これってこういうことですよね」と確認しに来たりします。

この力にいっそうの磨きがかかると、段落間の関係性にとどまらず、自分自身が勉強してきたことが、今後どのようなことに生かせるのか、見通しをつけられるようになっていきます。

最終的には、先の見通しから逆算して、「いま、自分に必要なことは何か」をつかみ、そのために必要な学習を選択して自走していけるようになります。つまり、自分が成長するチャンスを自らつかめるようになるということです。

6 概念を砕く力―言い換えができるスキル

私は授業中、3年生の生徒に向かって、次のように指示を出すことがあります。

「じゃあ、今回は中学1年生用につくるから、中学1年生でもわかるように書いてね」

これは、生徒が書いた論語の解釈を1年生に渡し、実際に読んでもらって意味がわかるかを確かめ合う実践です。

3年生の誰が書いた文章なのか名前は伏せますが、1年生の教室に置かせてもらって読んでもらい、どれがわかりやすく、どれがわかりにくいかを投票してもらい、その結果をもとに3年生の授業を行うというものです。

「概念を砕く力」を身につけるには、ひとえに日々のトレーニングが必要です。一朝一夕には身につきません。しかも、使いこなせるようになるには、技術だけでも足りません。学習メンタルが育っていないと、現実の場面で使えないからです。ここで言う学習メンタルとは、〝自分はほかの人よりもできる〟といううぬぼれを抑制できることです。

人は、何か新しいことができるようになってくると、うぬぼれることへの誘惑にかられます。中学生は特にその傾向が顕著です。そこで、(意欲まで削り取らない程度に) そんな生徒の鼻をへし折っていきます。うぬぼれというかりそめの自信を、本物の自信にするためです。

ここで一つ、実践例を紹介します。

3年生の単元に『情報社会を生きる―メディアリテラシー』があります。この単元を通して生徒に学ばせる要素の一つとして「メディアが送り出す情報を『構成されたもの』として建設的に批判すること」があります。

3年間指導してきた子どもたちなので、生徒のほうも概念砕きに慣れてきていて、〝ちょっとうぬぼれているな〟と感じる時期でもありました。そこで、「建設的な批判」という言葉の真意を考えさせることを通して鼻を折っておこうと考えたわけです。

ある生徒が「それは、現実を再構成した恣意的なものなので、メディアが形づくる『現実』を批判的に読み取ることだと思います」と発言しました。

その発言を聞いていた周囲の生徒は、むずかしそうな表情をしたり、頭をかいたりしていました。その様子を見て、「いまの説明でわかった?」と尋ねたところ、何人かの生徒から「わからなかった」という答えが返ってきました。

そこで、発言してくれた生徒に、「じゃあ、今度は小学6年生に説明するように話してみて」と促しました。すると彼は、次のように説明を変えました。

「自分たちの都合のいいように切り取った現実だから、すべてを信じてはいけない」

それに対して、「いまの説明は小学6年生にわかると思う?」と周囲に問いかけると、「いえ、むずかしいかも」との返答。

そこで、「じゃあ、グループになって、もうちょっとわかりやすい言葉を考えてみよう」と促しました。

生徒に発表させると、グループの一つは「建設的な批判」を次のように言い換え（概念を砕き）ました。

「出されたものがいくらおいしそうなものでも、そのまま食べずに一回いろいろ見てみる。で、食べてみて、味わってみておいしいかどうかを判断する」

ほかにも、ゲームをもちだして言い換えているグループもありました。

私はRPGゲームの『ドラゴンクエスト』が好きだと生徒に公言していて、ドラクエで説明してもらうこともあります。「もし○○だったら～」と、たとえ話を使った言い換えですね。

以前、『走れメロス』の単元で「メロスは激しい怒りに突き動かされて、無謀な決断をした」という生徒の発言を受けて、「『無謀』とはどういうことか、たとえ話でわかりやすく説明してみて」と促したところ、次のように答えてくれた生徒がいました。

「自分はスライムなのに、竜王を倒しに行くようなものだと思う」

むずかしい言葉は、単に文節や単語を分解しても砕くことはできません。相手が理解しやすい言葉への言い換え、相手がイメージしやすいたとえ話、比喩を行使することによってはじめて、概念は砕かれます。

この技術の汎用性は計り知れません。こうしたことから、その基礎づくりのために、国語の授業を通して生徒に概念砕きを求めているのです。と同時に、教師である自分自身への戒めでもあります。

私たち教師は専門家であり、特定の教科のプロです。だからこそ、自分の専門知識をどのように生徒に伝えるかが問われます。それは、流暢に、格好よく、とうとうと説明し続けることではないでしょう。

生徒をしっかり見て、生徒が理解できる言葉・話し方を選び、生徒自身が納得のいくゴールにたどり着けるように導く。これが教師に求められる指導力だと思います。

〝専門知識を並べ立てて生徒を置いてけぼりにしてはいけない〟〝どう伝えれば、生徒の納得に届くのか〟と、生徒を指導する立場にいる教師にもまた求められるのが概念砕きだと思います。

＊

ここまで「中学校段階で鍛えるべき諸能力」について語ってきました。解釈する力、気づける力、見通しをもてる力、関係性を理解できる力、概念を砕ける力については、新学習指導要領に直接的に規定されている資質・能力とは異なりますが、実社会に出たときに使える汎用的能力という点で通底するとみなしています。そこで、中学校教育、（私は国語教師なので）殊に国語授業を通じてそれら汎用的能力の素地をつくることを目指しているわけです。

ただ、ここで留意すべきことがあります。それは、一人一人の生徒がこうした諸能力のすべてを一律に身につけなければならないと考えてしまうことです。

諸能力の一つ一つは、その子の個性として磨かれていくものです。そうであるならば、Aくんは解釈力に優れた生徒、Bさんは関係性を理解できる力に秀でた生徒でよいということですね。

実社会に出ると、1から10まですべて自分一人だけで完結させる仕事はありません。（どのような職に就くかにもよりますが）基本はチームで仕事を遂行するはずです。そこには必ず役割分担があり、役割ごとに求められるスキルが異なります。

「適材適所とは、異なる個性が噛み合うようにする組み合わせの最適化だ」とすれば、一人一人の人間がすべての能力を万遍なくもっているよりも、人によってもっている能力が異なっているほうが都合がよいのです。お互いに補完し合えるので、チームにとって望ましい結果につなげやすいからです。

学校では、勉強もできる、運動もできる、絵も歌もうまいし、リーダーシップにも優れているといった、一人で何でもできる（総合力の高い）生徒のほうが、一つの能力に秀でている生徒よりも評価が高くなる傾向があります。それに対して、実社会で活躍する人たちは、「できること」の総合力よりも、個別の能力の精緻化こそ重視します。

職業特性を表す言葉として、「ゼネラリスト」と「スペシャリスト」がありますが、このうち、「ゼネラリスト」とは〝何でも一人でできる人〟（「できること」の総合力が高い人）ではありません。業界全体を俯瞰して企業が目指すべきビジョンをつくれる人（全体を俯瞰する能力が精緻化された人）です。つまり、ゼネラリストとスペシャリストという区分もまた、適材適所の一つのありようにすぎないのです。

さて、国語授業に話を戻すと、授業を通じてAくんは解釈力が上がっていく、Bさんは見通し力が上がっていくのでよいということです。教師としては、どの生徒にも身につけべきベースとなる力があります。それらについては等しくつけながらも、プラスアルファのところは個別に伸ばしていけるような指導を心がければいいということです。

プレゼン力の重要性

趣味でLAN（ローカルエリアネットワーク）の仕組みについて勉強したことがある知人から聞いた話です。

LAN通信では、インターネットと同じようにIPアドレスを使用します。このIPアドレスには使ってはいけない番号があると言います。たとえば「1」（ルーター：デフォルト・ゲートウェイ）はインターネットへの接続と社内のネットワークの接続を統制するために使うというルールです。そのため、LANに接続するPCは、使っていいアドレスを設定することになります（通常は、ルーターが勝手に割り振ります）。

こうした知識を仕入れると、誰かに話をしたくなるようで、社内で「ちょっとネットにつながらないんだけど…」と相談を受けるたびに「それはさ」と切り出して、長々と専門知識を並べ立てていたそうです。

しかし、しばらくして相手が嫌な顔をしていることに気づいたそうです。相手にしてみれば自分の理解できない言葉を並べ立てられているわけですから嫌になりますよね。

これはまずいと思った彼は、別の機会に同僚から「ルーターって何？」と聞かれたときには、次のように答えたそうです。

「要するに門番みたいなもの。社内の人であれば社屋の内外を自由に行き来できるようにする、社外の人であれば無断で社屋に入ってこれないようにする、そのために門番が一つひとつチェックしているんです」

こんな説明をしてみたところ、これまで嫌そうな顔をしていた社員も「なるほど！」とうなずいてくれたそうです。

次は、民間企業で働いていたころの私の話です。

営業時代、お客様や上司・先輩が何を話しているのかわからず戸惑うことがたびたびありました。職種が建築系だったこともあって、文学部出身の私には理解できない専門用語が飛び交っていたわけです。これは、さきほどの知人の話とは逆パターンですね。

さて、仕事ですからわからないでは済まないので、いろいろ勉強して何とか相手の話を理解しながら商談できるようにしていきました。

ここまではよかったのですが、数年経ち私が後輩を指導する立場になったとき、私自身も当たり前のように専門用語を連発するようになっていました。彼らの表情は曇りっぱなしで、そのときようやく私の目の前にいる後輩が、かつての自分自身であることに気づきました。そこで、私なりに専門知識を噛み砕いて話をするように努めるようになったのです。

もちろん、専門用語を口にしてはいけないということではありません。お互いに同系統の知識を有していれば話が早いからです。ここで私が言いたいことは、次の二つ。

●相手に応じて説明の仕方を選択する。

●専門知識をまったくもっていない人にも理解してもらえる言葉の言い換えができるようにしておく。

特に、後者が重要です。言い換えができるようになるためには、その言葉（専門知識）の本質をよく理解できている必要があるからです。

職業によって温度差はあるかもしれませんが、組織で仕事を遂行する以上、コミュニケーションは全身を流れる血流のようなものです。どれだけ正しい言葉を並べても、相手が理解できていなければ、動脈硬化が起きます。

相手の理解度に応じて伝え方を考える必要性がここにあります。そのためには、場面に適した複数の知識を組み合わせたり応用したりすることが求められます。これが（先に紹介した）概念を砕ける力の完成形なのです。すなわちプレゼン力です。

ちなみに、ここで言うプレゼンとは、プランナーがクライアントを説得する術のみを指しているわけではありません。同じプロジェクトにかかわっている同僚への説明、上司への報告、お客様との商談など、何かしらの目的をもって他者とかかわる場面のすべてを指します。そのような意味では、すべての生徒に等しくつけるべき「相手の納得を得るための能力」だと言えるでしょう。

将来、必要とされる能力の基礎をつくる

1　生徒が「いままでにない教科」をつくる実践

現在、一人一台タブレット型コンピュータが配布されているので、調べ学習なども非常にやりやすくなりました。そこで、生徒が探求心をもって調べ取り組む活動の一つとして次の単元を考案してみました。

［単元名］　いままでにない教科をつくってみよう。

これは「プレゼンテーションをしよう」という単元に紐づけて行った、生徒自身が自分で学んでみたい教科をつくってみる2年生の実践です（準備に2時間、発表3時間）。授業のねらいは「いかに聞き手を納得させるか」としました。

学校段階が上がるにつれて専門性が高くなるだけでなく、自分が調べたいことを調べ、情報を細分化したりまとめたりする機会が増えていくと思います。こうしたときに、既存の教科で身につけた見方・考え方を働かせることに加えて、「自分でイチから発想してみる試みもおもしろいんじゃないか」そう考えて取り組みました。

具体的には、生徒一人一人が「自分の興味あることを教科化するために何が必要なのか」を調べて、みんなの同意や共感を得られるように発表します。どの生徒の案が現実的で説得力があったかを生徒同士で投票し合い、クラス順位を1位～3位までつけることにしました。

楽しみながらも努力し苦労する過程で、自分の前に立ちはだかる壁を乗り越える（インプットした内容を自分のなかで噛み砕き、他者の同意や共感を得られる内容に書き換えてアウトプットする）方法を学ぶことが真の目的です。

生徒たちからは、次のような発表がありました（班ごと、2～3名で構成）。

●**恋愛学**…少子高齢化が進んでいて、これだけ子どもが少なくなっている以上（グラフを提示）、この問題を解決するためには「コミュニケーション能力を高めて、いっぱい恋愛できるようにする教科が必要なんだ」と主張

●**職業科**…若者の離職率を示すグラフを提示しながら、「この世の中、実際にやってみないとわからないことが多いのだから、中学生のうちにたくさんの職業を経験できる教科が必要なんだ」と主張（トライやるウィークでは足りない。週1コマの授業にする）

●**金融科**…お金がないと生きていけないし、とても身近なものだけど、「金融」とか言われると途端にわからなくなってしまう。「だから、お金の仕組みについてちゃんと知りたい」と主張

ほかにも、総合的な学習の時間に通ずる新教科もありました。たとえば「フィールドワーク」という名称で、自分の日常生活のなかで「これって何だろう」と疑問に思ったことをひたすら突き詰めていく教科です。

この教科の特徴は、学級全体の課題を一つつくることと、プラスアルファで個人の課題も設定し、1年かけてこの二つの課題を探求していくという点に、私はおもしろさを感じました。

2 生徒の発表から見えてきたプレゼンする力の実態

さて、個々の発表をジャッジするのは生徒です。彼らは次のような点を指標として評価していました。

●発表内容はよいのだけど、ただ原稿を読み上げているだけのプレゼンに対する評価は辛い。

●ずっとうつむいたまま発表している（オーディエンスの目を見られない）プレゼンへの評価は、内容によらず低い。

●つっかえつっかえの発表で、流暢とはとても言えなくても、自分の言葉で発表しているプレゼンへの評価は高い。

自分の発表では評価の低い仕方になっている生徒も、〝他者の発表に対しては的確な指標をもって評価できるんだな〟と感じました。つまり、評価の高いプレゼンは、オーディエンスの共感、同意を得ることに成功しているということです。

私としては、どのような発表が評価が高いのかを振り返らせることを通して、「プレゼントは聞いてくれている人との対話である」ことに気づいてもらうようにしています。

＊

国会答弁などを見ていて、政治家や官僚の言葉がなかなか頭に入ってこないのも、答弁書を読み上げているだけだと話し手の意図が伝わりにくいからでしょう。

こうした答弁は、制度的な部分もあるのでやむを得ないのだとは思いますが、もし、民間の仕事で社外の人に交渉を持ちかけるときに、ずっと下を向いて原稿を読むだけであれば、仕事を受注することはできません。

こうしたことからもわかるように、プレゼン力はあらかじめ用意した資料を上手に読み上げる力ではないということです。私は、実社会に出たときに求められる実務能力の一つであることを生徒に理解してもらいたいと考えています。

和やかな雰囲気をつくり、相手の顔や反応をしっかり見ながら意図を探りつつ、自分自身の実現したいことをいかにして相手に「うん」と言わせるか。この技術は、実社会に出たら自動的にできるものではありません。中学校教育でも採り入れるべきトレーニングだと思うのです。

このことは翻って、教師である私たち自身も、自分たちの足元をよく見る必要性を感じます。職員会議などの各種会議にブレーンストーミング法やＫＪ法といった技法を採り入れる学校は増えてきたように思いますが、いまもなお配付資料を読み合う会議もあるようです。

最近では各自でパソコンを使うようになり、プリントアウトして配るようなことはなくなりましたが、紙がモニターになっただけであれば、本質的には何も変わっていないと思います。

私たち教師がこうした慣習から脱却し、生徒に対してアウトプットのよき見本となれるように、教師自身がプレゼン力を高めることが大切だと思います。

第2章

生徒が自学自走できる授業のつくり方

本章では、教材研究も含め、私の考える「授業のつくり方」について述べていきたいと思います。

単元をつなぐ―飛び石にしない

授業を設計するに当たって、私が何よりも重視していることは、各単元で学んだことを活用できてはじめて、生徒の学びが深まるということです。そのため、既習事項を思い出し、目の前にある課題と結びつけられるようにするわけです（資料1）。

ここで言う「単元をつなぐ」とは、国語科であれば、文学的文章、説明的文章、古文、漢詩、和歌といった指導内容ごとに明確なまとまりをもたせることを指します。

1年間という長いスパンでスケジュール全体を俯瞰すると、1学期の授業をすべて説明的文章にするわけにはいかず、さまざまな指導内容が、互い違いにはめ込まれます。こうしたこともあって、一般的には「この単元が終わったらこの学習は終わり。じゃあ次の単元は…」と単元間の学習内容を関連づけることはあまりなされていないのではないでしょうか。

この点に、私は注目しています。各単元が飛び石になってしまえば、生徒の活用する

資料1　生徒の活用力を育てる単元設計のサイクル

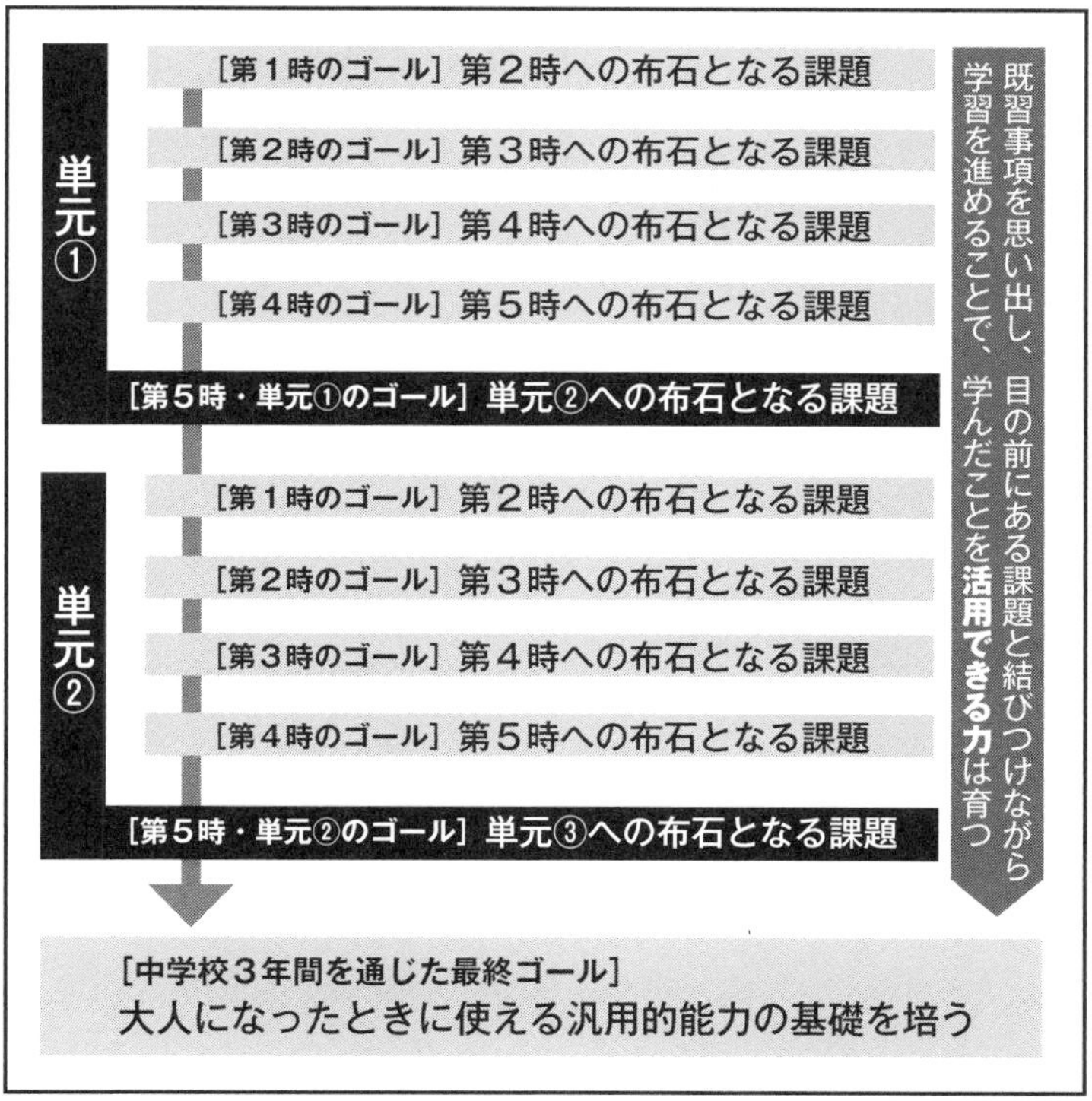

力が育たないと考えているからです。こうした理由から、単元間を一つの線でつないでいくわけです。

　このような考え方で授業を進めていくと、各単元が終わるごとに「これまでできなかったことができるようになる」「ある程度できていたことがよりできるようになる」といった循環が生まれ、「自分でできること」「気づくための手段（武器）」

が増えていきます。

国語科であれば、次の例を挙げられるでしょう。

●主題の見つけ方、説明的文章であれば接続語がちゃんとわかると本文の主訴がわかるんだという気づき

●課題を設定するというのは、どこに着目すればいいのかがわかる理解　など

このように学んだことが蓄積され、活用されることで、次のゴールへと向かおうとする生徒の意識が高まっていきます。

説明的文章の単元のつなぎ

説明的文章を読み解くうえで必要となる要素には、たとえば次が挙げられます。

●必要な情報に着目して要約する。

●事実と意見を分ける。

●主張と例示の関係を読み解く。
●複数の情報を整理しながら再構築する。
●文章と図表などを結びつけ、その関係を踏まえて内容を解釈する。
●文章の構成や論理の展開の仕方をとらえる。
●接続語に着目しながら構成を読み解く。

一つの単元を行う際には、右の指導事項にフォーカスして指導します。すると、学年が上がるごとに既習事項も増えていくため、使える武器の精度が増していきます。そうした武器を駆使して、目の前の課題に取り組めるように授業を設計するわけです。

この考え方を身につけるには時間を要しました。以前の私は、各単元で教えなければいけないことだけに意識が向いてしまい、生徒がすでに手に入れた武器を使わせずに、新しい武器を新調するような授業をしていたのです。

むしろ、その当時は武器を新調することに満足さえしていました。しかし、あるとき、生徒がいざ外部の試験を受けたり、新しい文章を読んだりする場面で、できていたはずのことができなくなっていることに気づかされたのです。おそらく、生徒の学びの部屋には、単元ごとに新調した武器が無造作に陳列されていたことでしょう。それでは、いずれ錆つき、朽ちていくだけです。

ゲームでも同じですよね。どれだけ強い武器でも使い道がなければ使いようがないし、似たような性能の武器ばかりであれば、使わない武器が増える一方です。

私の授業に必要だったのは、単元のたびに武器を新調させることではありませんでした。長く使っていける武器だけを用途に応じて新調し、一つ一つの単元を関連づける授業を通して、より使えるように精錬させることだったのです。

例を挙げると、次が当てはまります。

- ●要約や要旨をとらえる授業であれば、三省堂『クジラの飲み水』
- ●事実と意見を分ける授業であれば、『玄関扉』
- ●主張と例示の関係を読み解く授業であれば、『動物園でできること』
- ●文章の構成や論理の展開の仕方をとらえる授業であれば、『フロン規制の物語』　など

ここで、教科書の素晴らしさと、素晴らしいがゆえに陥りやすいジレンマについて語っておきたいと思います。

同じ領域として指導しているはずなのに、実際の授業では別物であるかのように指導

してしまうことがあります。こうしたことは、なぜ起きてしまうのでしょう。もしかすると、教科書活用の仕方に求められるかもしれません。その完成度の高さゆえに、教科書の紙面や構成に誘導されやすいという考え方です。

教科書は、生徒にとってわかりやすいもの、教師にとっては指導しやすいものとなるようにさまざまな工夫が凝らされています。たとえば、「この単元では、〇〇という指導事項が当てはまるから、□□が手立てとなる」ことが明確に示されています。

教師としては、示されている手立てに沿って指導するのは自然なことでしょう。しかし、それが当たり前になると、示された手立て以外の事柄に目が向きにくくなります。それが、螺旋的にスキルを成長させていく学習の実現を阻んでいるのだとしたら？

加えて、学習レベルはどんどん上がっていきます。そのためか、既習との関連性が高い内容であっても、教科書の紙面構成がガラッと変わってしまい、既習との関連性に気づきにくい、問題提起がわかりにくいということも言えそうです。そのため、尾括型、頭括型、総括型などと、新しい構成を学ぶことのみに着目してしまうわけです。それでは、既習を生かす余地がなくなってしまいます。

そこで、次のような活用の仕方を検討してみるのも一案です。

教科書には、書き下ろしの教材だけでなく、授業に必要な文章だけを抜粋した教材もあります。後者の場合には、授業のねらいに応じて文章を補い、前後関係を補足するワークシートを用意します。もし許可が下りるようであれば、原文を見せるのもよいでしょう。既習に気づく確度が上がり、生徒の理解を助けることができます。加えて、あえて理解できないまま指導を進め、タイミングを見計らって「実は…」と切り出して生徒の興味を引きつけ、一気に理解を深める方法もあります。

*

新しいことを学ぶことはたいへん有意義であり、学校教育において必要不可欠です。しかし、**学習とは「これまでに学んだことを活用して新しいことを学ぶこと」である以上、いま手にしている武器を錆びつかせず、少しでも精錬できるようにする単元設計が大切**だと思うのです。

モヤっとした気持ちが、問いとして残る

各単元ごとにいったんの終末は迎えるものの、少しばかりの後味の悪さを残す。この後味の悪さ（モヤっとした気持ち）を味わわせることを重視しています。〝次の単元の学習でどのようにしたら、このモヤッとした気持ちが晴れるのだろう〟という「問い」を残

すことができるからです。この生徒自身の「問い」が、次の単元では生徒自身の課題となり、課題解決型の指導を可能にします。ここでは、短歌を例にします。

短歌も、教科書だけではつかみにくい指導内容の一つです。石川啄木の次の短歌などもその例です。

不来方の　お城の草に寝転びて　空に吸はれし　十五の心

大人に対して「なぜ、心が空に吸われていくのでしょうね」と問いかけても、（石川啄木に造詣の深い方でない限り）「さぁ、何ででしょうね」と問い返されるのがオチでしょう。生徒だってそうです。「存分に味わいましょう」と言ったところで、理解できなければ味わいようがありません。

みなさんもご存知のとおり、この短歌の前には、次の短歌があります。

教室の窓より　遁《に》げてただ一人　かの城址《しろあと》に　寝に行きしかな

この短歌を通して、「なぜ逃げてしまったのか」と石川啄木の心情に自分を重ねてみるよう生徒に伝えます。

すると、友達との葛藤や異性への淡い気持ちといった、学校での自分自身のモヤモヤに思い至る。そのうえで、「不来方の…」を読んだら、〝あぁ、そういうことか〟と腑に落ちる。このとき、この短歌の有する奥行きに、生徒自身が突然気づくのだと思います。裏を返せば、短歌が生まれるまでのプロセスが理解できていないと、字句どおりの読み方しかできなくなるということです。

「教材研究とは、生徒の学習が課題解決になるように行う教師自身の調べ学習だ」と私は考えています。そうなるために大切にしているのが、「教師である私自身が、その教材を好きになる」ことです。

好きになるから作者について調べたくなるし、教科書に掲載されていない他の作品にも目を向けたくなります。そのうえ、自分が好きなことを誰かに伝えるのは楽しいし、その楽しいという気持ちは、生徒にも伝播します。教室に生まれる教師と生徒の思いや深みが変わる、そんな相互作用が生まれる可能性が高まります。

なかには、あまり好きにはなれそうにもない苦手な分野もあるでしょう。しかし、苦手意識をもったまま指導してしまうと、学習が上辺だけになってしまいます。そこで、〝この作品は教科書に載っているくらいだから、きっといい作品なのだろうな〟と自分に言い聞かせて、〝では、いったい何がいいんだろう〟と「いいこと探し」をするつもりで研究を進めていきます。

　ここで一つ気をつけておきたいことがあります。それは、単元計画の様式です。

　単元計画は表形式なので、ややもすると授業が手続きのように見えてしまいがちです。「最初にあれやって、次にこれやって、最後にこれをやる」というような、いわばやることリストのように見えてしまうわけですね。

　そうならないようにするには、授業展開を考える前に、まず教材に対する思いを自分のなかにしっかりつくっておくことです。その思いを、単元づくりの起点として、たとえば説明的文章であれば、前回生徒に提示した説明的文章の課題を振り返り、一つ一つの授業の展開を考えていきます。加えて、次に行う教材もチラ見しながら、次の段階でつけたい力を本単元の最後のゴールにします。

　つまり、①前回扱ったもの、②私の思い、③次につなげたいものの三つをかけ合わせながら単元全体の流れをつくっていくわけです。

学習に必要なつまずきと失敗

単元全体の流れをつくったら、今度は指導の仕方を吟味します。

- 私が設定した単元のゴールに生徒がたどりつけるようにする（次の単元で活用できる力を身につけさせる）ために効果的な指導は何かを明らかにする。
- 単元のどこの部分で生徒は〝つまずくか〟を想定する。
- 単元のどこで〝失敗させるか〟を決める。

1　あえて失敗させる

「失敗させる」と言うと、ネガティブな印象を抱く方もいるでしょう。〝生徒には成功体験こそ必要なのではないか〟と。

確かに、成功体験そのものは、生徒に自信をもたらしてくれるので大切です。問題は、それがどのような成功体験かです。失敗しないように仕組まれた成功体験は脆弱だからです。教師の敷いたレールの上を走っているだけでは、かりそめの自信しかもたらしてくれません。
もし、レールから外れるような事象が生じれば、生徒は立ちすくみ、新しいレールを自らつくることもできず、かといって元のレールにも戻れず、せっかくの自信も砂上の楼閣よろしく雲散霧消してしまうでしょう。危機に対する発想転換、対応方法、応用力が身についていないからです。すなわち、**本物の自信と応用力を身につけられる成功体験は、失敗体験を乗り越えた先にこそある**のです。

こうしたことから、私はあえて生徒が失敗する箇所を意図的に組み込んでいるわけです。〝失敗体験こそ、成長するチャンス〟です。

（少し奇妙な言い方かもしれませんが）学習を通じて上手に失敗させることができれば、「なぜ、失敗したのだろう」から、「どうすれば、成功できるだろう」というポジティブな問いを生徒にもたらします。すると、今度は自分で主体的に考えようとしはじめます。

私は、失敗体験から生まれる問いを学習のモチベーションにしてほしいと考えています。それが成長の糧になるからです。

そこでまず一回やらせて失敗させます。「じゃあ、どうすればいいと思う？」と問いかけて自力解決を促します。そのうえで、今度は成功できるように導きます。すると、生徒は〝自分の力で正しい方向へ修正することができた〟と受け止めます。

本当は、私がそうなるように仕組んでいるわけですが、生徒のほうは「自分の力で…」と認識するものだから不思議なものです。しかし、生徒が身につけた力や自信のほうは錯覚ではありません。

彼らが失敗から学んでいるのは、「失敗しないようにするノウハウ」ではなく、「成功するためのノウハウ」だからです。そしてこれは、実社会に出たときに真価を発揮するノウハウなのです。

実社会に出ると、どれだけ周到に準備をしていても、うまくいかないことがあります。昨日までよかれと思っていたことが一遍してしまうこともあります。こうした、ときに理不尽に思うことがあっても、心を整えて対応していかなければなりません。

よく社会人になりたての方が、過度に失敗を恐れてかえって失敗してしまったり、一度の失敗から立ち直れずに退職してしまったりする話を耳にすることがあります。その理由はさまざまあると思いますが、失敗と向き合いリカバリーする成功体験の不足が、その一つとして挙げられると思います。

中学校教育に限らず、学校教育全般において必要なことが、先行き不透明な実社会を生きて働く力である以上、生徒たちが〝本物の成功体験を積める失敗の場〟にすることが大切だと思います。〝自力で何とかできた〟と心から思える経験が、生徒の生きて働く力を強化し、チャレンジ精神を育ててくれると思います。

2 失敗させる方法

まず一つに、「もっと読み込まないとわからない」「中途半端になってしまう」という方法をあえてやらせてみることが挙げられます。

たとえば、情景描写の説明を省き、行動描写のみに着目させて登場人物の心情を書かせます。ほとんどの生徒は書けません。情景描写にも着目しないと登場人物の心情を読み取ることはできませんから当然です。

そうした生徒の状況を確認したうえで、「登場人物の心情の変化をとらえられるようにするには何が足りないと思う?」と問います。個々人で考えさせてもいいし、グループで対話させるのでもいいでしょう。そうするうちに、生徒の何人かが〝行動描写だけを追っかけていっても登場人物の心情はわからない。ほかの描写にも目を向けたほうがいいのでは?〟と気づいてくれます。

「では、ほかの描写にも気をつけながら読んでいこうか」と促して改めて書かせると、生徒の答えが如実に変化します。

ここで重要なことは、情景描写そのものの理解というよりも、「こんないい方法があったんだ」という気づきを育むことによって、「次の学習でも、もっといい方法があるはずだ」という発想をもてるようにすることです。

また、「書くこと」の際には、「とりあえず、自分が考えたとおりにやってごらん」と言って、何の説明も条件もつけずに書かせることもあります。このときに「構成」の理解が足りていない場合であれば、「『構成』にはこんなパターンもあるよ」と切り出し、双括型、尾括型、頭括型といった型の説明をします。そのうえで、次のように投げかけながら推敲させていきます。

「どの型だと自分の言いたいことが伝わりやすいかな」

「どうしたら、相手にもっとわかってもらえそうかな」

指導案上は、「練り直す時間」として設定しています。練り直すには、自分の書いた文章のどこが不完全なのかを生徒自身が知る必要があります。そのための「失敗の設定」なのです。

次に紹介するのは、俳句です。

俳句は自分の思い描く情景のまま好きなように詠めばいいわけですから、詠み方に失敗があるわけはありません。ここで言う失敗とは、季重なりであったり、表現（イメージ）の近すぎをあえてさせるということです。

小学生時代に身につけた知識を基に自由に書かせると、たとえばこんな句が生まれます。

「赤とんぼ　夕焼け雲に　まっかっか」

季重なりで、なおかつ季語のイメージに近く、赤しかイメージできない句ですよね。

こうした句を例にしながら、（といっても、特定の生徒の失敗例をあげつらうのではなく、教師があらかじめ考えておいた失敗作を例にしながら）季語（季重なりについては歳時記などを利用する）について、また、「イメージの近すぎ」についてはそれを回避するためのいくつかの方法を説明します。すると、自分の詠んだ句との共通性を感じ取って生徒のほうが修正しはじめてくれるので、いちいち事細かく説明しなくても理解にもっていきやすくなります。

ほかにも、教師がまず「模範解答を提示し、その答えに近づけさせようとする指導」がありますが、私は、モデルケースを引き合いに出して、それを真似させるような指導はしないようにしています。そうしてしまうと、生徒の考えるタイミングを奪ってしまったり、ただの答え合わせにとどまってしまったりするからです。

加えて言えば、模範解答は、所詮一つの例にしかすぎません。にもかかわらず、模範解答に近い文章や俳句しかつくれないのだとしたら、表現のもつ多様性や豊かさに気づけなくなってしまうでしょう。

私は、失敗例を出し、どのような改善が可能かを考えさせるほうが、建設的で実用的だと考えています。殊に、推敲力の向上に寄与します。しかも、学習を進めるごとに自分が考えた俳句がグレードアップ（改善）していくわけですから、生徒は達成感を味わうこともできます。

ときには、私の期待どおりに失敗してくれないこともあります。私の想定を超えて成功してしまうパターンですね。こうした生徒はクラスに一定数います。そうした場合には、「なぜ、成功したと思う？」「もっといい方法はないかな」と促して考えをより深められるようにします。

もし、私が求めている改善方法を口にしなくても、生徒のほうが気づいてくれるのであれば、それこそ〝してやったり〟です。

言葉をリフレクションする

文意は、書く人の感性がよりどころです。説明的文章のようにロジカルな文章であってもそうです。この感性は、複数の文章が寄り集まって（相互にかかわり合って）表現されます。つまり、どれほど巧みで印象的な1文であっても、それだけを切り取って書き手の感性を読み取ることはできないということです。

印象的に感じる文の前後に、その1文を印象づけるファクターが隠されていることもあります。そうした文章間の関係性（文脈）に気づける生徒がいます。しかし、そうした生徒もほとんどが直観的です。自分が「なぜ」「何を」「どのように」気づけているかについては、具体的な言葉をもっていない（無自覚である）ことが多いのです。

学力の高い生徒であっても、相手にとってわかりやすい言葉に翻訳して伝えられる子はそう多くありません。その力を鍛えるために必須なのがリフレクションです。「書くこと」「話すこと」の双方とも、アウトプットの手段として重要です。しかし、それだけでは足りません。前述の俳句のように、アウトプットしたものをリフレクションし、再アウトプットしたときにはじめて、説得力のある表現になるのです。

生徒の学ぶ姿をイメージする

指導案を作成するときには、生徒の顔を思い出したり、予想や反応をイメージしたりしていると思います。

「この場面では反応が多く出そうだから、きっと盛り上がるだろうな」

「具体的にイメージしにくい文章だから、反応が薄くなるだろうな」こうした想定のもとに具体的な手立てを考えたり、必要に応じて補足資料を準備したりしていることでしょう。それ自体はとても大切なことです。しかし、そうであるがゆえに陥りやすい落とし穴もあります。

教職経験を積むごとに、生徒の学びを見取る精度は上がってくると思います。そのうちに、〝生徒のことなら、たいていのことは理解している〟などと考えるようになると道を誤ります。〝生徒はきっとこうだろう〟という想定が、自分にとって都合のいいイメージを当てはめたものにしてしまうからです。つまり、教師自身が理想とする反応を生徒に求めはじめるということです。

生徒の現実から逸脱した誤った想定をしてしまうと、自分が期待している答えを生徒が出してくれない（当然です）ことに苛立ちを覚えるようになります。〝きみたちはできるのに（私はそれをちゃんと理解しているのに）、なぜやろうとしないのか〟と、答えを出さない原因を生徒に求めてしまうわけですね。ときには待ちきれなくなって、問いを投げかけた当の教師が、自分で答えを言ってしまうこともあるでしょう。

自分のスタイルをもつことは大切です。経験の蓄積もすばらしいことです。問われるべきは、〝何のために行うか〟です。その目的が、自分が考えたことを考えたとおりに行うためであれば、生徒の現実から乖離するということです。それでは、生徒はもちろん、教師自身も授業が息苦しいだけの我慢大会になってしまうでしょう。学ぶことがちっとも楽しくなりません。

どれだけ経験を積み、生徒の学びを見取る精度が上がったとしても、けっしてパーフェクトにはなりません。むしろ、わからないことのほうが多いはずです。しかし、それでよいのです。

結局のところ、生徒の学びを見取る精度とは、〝わかっていたつもりになっていたことは何か〟〝目の前の生徒のことがどれだけわかっていないか〟を掴む力だと言えそうです。つまり、自分がわかっていないことを念頭に置きながら、本当にわかっていることをよりどころにしながら授業を構想するということですね。

＊

生徒の実態を探ったり、生徒の実力を確認したりするためには、生徒とのかけ合いが必要です。このかけ合う力は、自分の授業だけではなかなか身につきません。他者の授業を必要とします（お互いの授業を見合う取組については、第5章でも触れています）。

私の場合は、ある30代の教師の授業からたくさんのヒントを得ていました。〝ここはいいな〟と思ったことがあればすぐにまねをしたし、授業についてもずいぶんと語り合いました。その方の授業で、生徒から思いもよらない答えが返ってきたときに、どの部分から読み取ったのかをしっかり聞き取って丁寧に返答する姿を目の当たりにしたときは、生徒一人一人を普段から見つめているんだろうなと思いました。

私の周りにいる30代の先生方はどうも、いい意味での野心をもち、唯我独尊になることなく、自分一人でできることでも、あえて仲間と一緒にやろうとする方が多い気がします。

授業ストーリーの立て方―山場はつくるが、満足させない

ドラマを観たり小説を読んだりしていると〝これからどんな展開になっていくのだろう〟とワクワクしてくることがあります。私は特にミステリー小説が好きなので、いよいよ山場に差しかかると、ページをめくる手を抑えられなくなります。似たような経験は誰しもあるでしょう。私は、このようなワクワク感を、授業にもち込みたいと考えているわけです。

ミステリー小説を読むように、自分なりに「犯人は誰か（答えは何か）」、「犯行の動機は？（答えに至る道筋は？）」などと推理したり、トリック（根拠）を探したりするように、生徒

が「次の学習ではどうなるのか」「先生、次は何を言い出すのか」とドキドキ・ワクワクできるようなプランニングです。

そこで、授業作家である私が考えたトリックに生徒が引っかかるようにする場面（失敗する場面）や、山場（解決する場面）を設定し、「えっ、これってどういうこと？」と生徒が少しモヤっとするエンディング（次の単元への布石）を迎えられるように仕組むわけです。

こうしたことから、山場は単元の後半ではあるものの、最後の時間に配置することはしません。

現在はそんなふうにしているのですが、昔からそうしていたわけではありません。

単元が5時間構成であれば、ラストの時間に山場（課題解決）を配置していました。〝みんなが課題を解決できた〟という盛り上がりとともに単元を終えていたわけですね。

そのやり方そのものが悪いとは言い切れないのですが、私自身はジレンマのようなものを感じていました。それは、一つの単元で指導できる学習濃度です。

学習内容を盛り込みすぎれば時間が足りなくなり、生徒の理解は浅くなります。逆に、学習内容の重点を絞り込みすぎると、授業時間や生徒の理解度の問題は解消されますが、単元全体の学習濃度は薄まります。

加えて、〝満足感で終わる授業を繰り返していて、生徒が自ら学ぼうとする力は鍛えられるのだろうか〟という疑問もありました。

こうしたことから、一つの単元に何もかも詰め込もうとするのではなく、かといって限定してしまうのでもなく、「ある単元は次の単元の布石だ」というとらえから、指導内容を数珠つなぎにする考え方にシフトしていったのです。

その結果、〝単元という短いスパンではなく、1年というスパン、あるいは中学校3年間というスパンで生徒の力をつけていけばいい〟と考えられるようになりました。

海外ドラマをイメージしてもらえるとわかりやすいと思います。

ハラハラ・ドキドキの展開で目が離せなくなり、最終回を迎えて「あぁ、おもしろかった」と思ったのも束の間、何かまた問題が発生しそうな場面をチラッと見せてくる。「ちょっ！　いまのいったい何よ…」と思ったときには、テレビ画面は「エンドマーク」。それからしばらくして、「シーズン2」がクランク・インしたことを知り、待ち侘びて観てしまう。人気があるうちは、それが繰り返されるわけです。

どのシーズンであっても、ドラマそのものには一貫したテーマがあるわけですが、シーズンごとに新しい人物が登場したり、謎が増えたり深まったりする。それに対して、過去の経験や新しい方法を通して解決していく。これと同じです。

授業に引き寄せて考えてみましょう。

ここでは、1年生のはじめに扱う説明的文章を例に挙げます。

説明的文章を読むうえで必要な指導内容はたくさんありますが、ここでは「構成」と「問題提起を見つけて解決する方法」に絞ります。すると、絞ったがゆえに指導しきれないことが数多く残ります。たとえば「わかりやすさ」がその一つです。「わかりやすさ」を獲得するためには、小見出しをつけたり、図表を用いたりする方法などが考えられますが、最初の単元では扱いません。単元の最後の授業で「どうすれば、もっとわかりやすくなるのだろうね」と生徒に投げかけて終了します。

その後、次の説明的文章の単元で、「前の単元では『構成』と『問題提起を見つけて解決する方法』について学んだけど、『どうすればもっとわかりやすくなるのか』についてはわからないままだったよね」ともちだすわけです。

このように、どの単元でも山場を配置しながら課題解決をしていくわけですが、最後は必ず新たな課題を投げかけて終了します。単元という数々のエンディングを経験しながら、卒業手前の全単元終了時に本当のフィナーレを迎えます（ここでようやく生徒は満足感で終われます）。

単元をまたいでつなげる

シーズン1、2、3という案配で、次の単元へと展開していくわけですが、先にも述べたように、単元をまたいでつなげる実践を重視しています。**資料2**の②のベクトルがこれに当たります（②と③については必ずつなげますが、①についてはつなげにくい場合やつなげられない場合もあります）。

ただし、単元をまたいでつなぐ（既習をリフレクションして学習の定着度を上げる）ためには工夫が必要です。「教科書を教える指導」だと、単元間のつながりを見つけることが困難だからです。それを打開する一つが、教科書を補助する教材です。

作品を比較しながら読む場合であれば、同じ作者の詩や俳句や短歌、作品などを複数用意し、それらに触れさせることで作者のものの見方や考え方をつかめるようにしていきます。

ここでは、宮沢賢治の『雨ニモマケズ』（前任校での1年生の主要教材）を読み解くための比べ読みを例にしながら考えていきます（2月の実践）。

補助教材としては、すでに学習を終えた『注文の多い料理店』や、『よだかの星』を用

資料2　生徒の学びをつなげるベクトル

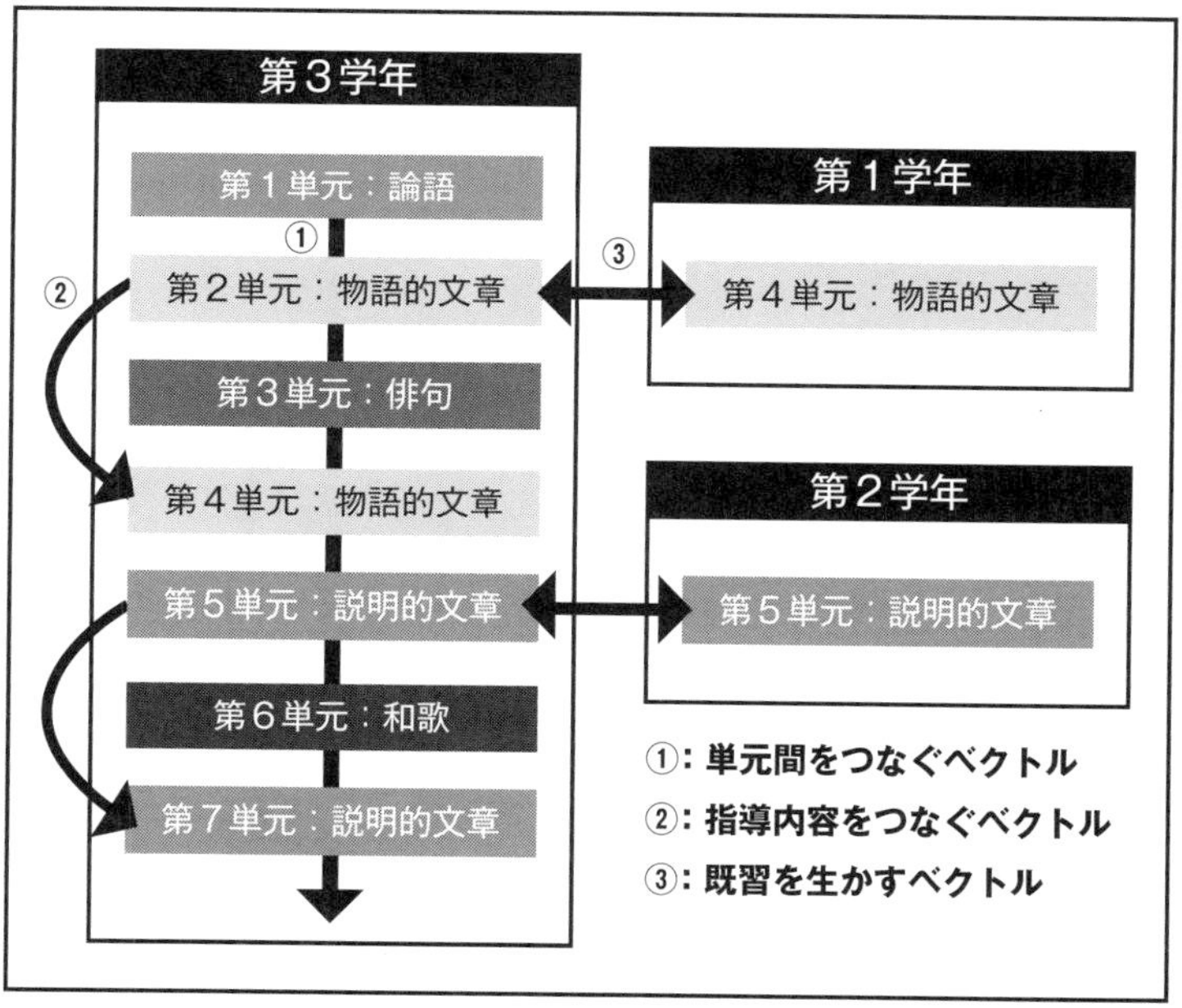

意します。

既習をリフレクションしながら読むなど、さまざまな宮沢作品に触れたあとで、『雨ニモマケズ』を読みます。

すると、次のようなことが見えてくると思います。

●他者に心を寄せる心情、特に弱い人間に対しては積極的に助けようとする態度がより克明になっていった。

●賢治はだんだんとお肉が食べられなくなっていった。それは、自分が生きるために他の生き物を殺傷することへの罪悪感や贖罪意識のためではないか。『雨ニモマケズ』のころにはすっかり菜食主義者（ベジタリアン）になっている。

このように、既習教材を含めた補助教材を扱うことで、目の前の教材だけではつかむことのできない背景に手を伸ばせるようにするわけです。このような方法であれば、むずかしく考えることなく、かつ無理なく単元をまたぐ学習のつながりをつくることができるでしょう。

生徒の想定外の発言は拾い上げて使ってしまう

たとえば、「このタイミングでここを紹介しよう」「ここで、こんな揺さぶりをかけよう」などと、教師がいくら綿密な準備をしても、ときに生徒は私たち教師の想定を超えてくることがあります。

以前、『いちご同盟』（一冊読みの実践）の第3時のゴールとして想定していた「人生を悲観している」という答えを第1時に発言した生徒がいました。ほかにも、『走れメロス』では、第1時に「心が大きく変わったのは王様だ」と、第4時のゴールを先取りして発言した生徒もいます。

いずれも、〝う～ん、Aさんのその発言は、私が想定していた時間に言ってくれるとよかったんだけどな…〟といったハプニングで、次の授業へのつなぎ直しや単元全体の見直しをしなければならなくなりました。

さて、こうしたことを是とするか非とするかで、教師としての指導スタンスが大きく変わると思います。そんな私は是としています。〝生徒が私の想定を超えてきたときこそチャンスだ〟ととらえるわけですね。

右の例であれば、「Aさんがなぜさっきの発言をしたのか、みんなでちょっと考えてみようか」と促してクラス全体での対話に切り替えます。つまり、次時で予定していた授業の核心となる答えを先取りして（材料にして）、深掘りしていくわけです。

まずは、「Aさんの考えを聞かせて」と尋ねて説明してもらいます。しかし、答えは的確だったとしても、どのような思考をたどって行きついた答えなのか、そのプロセスを説明するのは容易なことではありません。およそ不完全な説明に終わります。

そこで、「もうちょっと補える部分はないかな。誰か説明してくれる？」と促すと、「ぼくなら…」「わたしなら…」といろいろな意見がポロポロと出てきます。そうした状況を見取って、「みんなも同じ考え？」「Aさんはどう？」と言って確認します。こんなとき「違う！」と言い出す生徒がいたらおもしろいですね。たいていは「同じです」という答えが返ってきます。

最終的には、「そうだね、そうやって見つけていくと、この課題は解決できるんだね」と言って、Aさんが見つけた答えとその経緯を全体で共有し、あたかも全体で考え思いついたことであるかのようにしてしまいます。

この方法は、何も教師の想定を超えた発言があったときだけではありません。想定どおりの発言であっても同様です。結論から入るか、理由から入るかの違いにすぎないからです。

せっかく生まれた卵です。孵化させない手はありません。要するに、生徒の発言をそのまま使ってしまえばいいのです。

どれだけ周到に準備していても、授業は教師の思惑どおりにはなりません。それでもなお、力業で思うとおりに進めようとすれば、生徒の学びを置き去りにしてしまうだけです。

むしろ、〝イレギュラーは、おもしろがるくらいでいいのではないか〟と私は考えています。そうできれば、（いつもうまくいくとは限りませんが）生徒の個の力でつかんだ気づきを全体の学びにする、生徒同士の対話を通して生まれた多様な意見を個の学びに還元する、そんな授業ができるのだと思います。

指導案は一気につくる、なぜならそれが一番楽だから

私は中学生のころ美術が大好きでした。特に絵を描くことが好きで、骨組みとなるデッサンには力を入れていました。綿密な下準備が作品の完成度を決定づけるからだと指導を受けていたのだと思います。

また、サッカー部に所属していたときも、ウォーミングアップや用具の手入れや準備がとても大切であることを学びました。試合の日もいつもと同じルーティンで準備をして開始時刻を迎えます。これは、平常心を保てるようにするためです。ほかにも、マーカーやビブスをあらかじめ用意しておくことで、練習時間をしっかり確保することにも気を配っていました。

その甲斐あってか、10代のころから事前の準備の重要性と準備の仕方の大切さを強く意識するようになったと思います。そしてこれは、指導案をつくる際にも同じことが言えます。指導案作成は、まさに授業を行うための準備そのものですから。

まず、単元計画に基づいて各時間にどんな力を生徒につけさせるのかを決めます。そ

の力をつける活動が各時間のゴールとなります。そこから逆算しながら授業の骨組みを考えます。デッサンと同じです。このデッサンが不味いと授業の完成度は上がりません。のみならず、全体の筋が通らなくなる怖れさえあります。

骨組みをつくった後は肉づけです。どこでどのような言語活動を入れるか、どのように読みを深めていこうかなどに着目しながら各時間に落とし込んでいきます。そして、5時間なら5時間分の指導案を一気につくってしまいます。

これに対して、1時間分の指導案をつくっては授業を行い、〝次時はどうしようかな〟と考えながら次の指導案をつくるという方法もあるかと思います。しかし、私はそうしません。それは、次の理由からです。

- そのつどの指導案作成は場当たり的になりやすく、前後の授業はつながっているように見えても、たとえば1時間目と4時間目の辻褄が合わなくなっていることがある。
- 授業間のつながりや学習内容の関係性が希薄になってしまう。
- 自転車操業のような慌ただしさにつきまとわれる。
- 途中で軌道修正の必要性を感じて辻褄を合わせようとすると、かえって単元全体の軸がブレてしまう。

このような状況に陥ってしまうと、生徒自身が「自分はいま、何のためにこの学習をしているのか」が見えにくくなってしまい、単元どころか1時間の授業さえも飛び石になります。それでは、生徒の学びは深まりません。

もちろん、全時間分の指導案を一気につくりあげるわけですから、固まった時間を確保する必要はあります。5時間構成の単元であれば、合計で3時間ほどの作業時間を要します。

それに対して、授業終了後に次の授業の指導案を考える場合はどうでしょう。作業時間は人によるかと思いますが、仮に1時間分を30分で仕上げられるとすると、合わせて2時間半で済むことになります。しかし、はたして2時間目以降もすべて30分で済むものでしょうか。

先述の例示のごとく自転車操業のような慌ただしさのなかで、授業の辻褄合わせをしなければならない事態に陥れば、作業に要する時間は飛躍的に増えてしまうのではないかというのが私の考え方です。

第5章で述べますが、私はほとんど残業をしません。退勤時間がきたらさくっと帰ってしまいます。そうできる理由の一つが、この指導案の丸ごとづくりにあります。しかも、生徒の学びが深まる確度も上がるわけですから、一挙両得だと言えるでしょう。

一見たいへんそうに見える指導案の丸ごとづくりですが、1年という長いスパンで俯瞰すると、実用面でも負担感の面でも「実は楽な方法だ」というのが私の実感です。

指導案を微調整するタイミング

指導案を作成する際には、単元を貫くように設定したテーマに紐づくように、さまざまな方法で学びの場を設定します。前述のように、生徒はときとして私の想定を超えてくるので、そのつど指導案の修正が必要となります。

この修正の仕方はさまざまで、クラス単位で行うこともあります。一口に想定外が生まれると言っても、受けもっているすべてのクラスで同時発動的に生まれるわけではないからです。つまり、授業の進度や方向性にバラツキが生まれるということですね。

ただし、このバラツキを気にしすぎると、生徒の想定外の発言を生かせなくなるので要注意です。せっかくの発言に対して「いやいや、いまはそういうことを言っているんじゃなくて」などと否定してしまったり、「ほかに意見はある？」などとスルーしてしまったりすれば、生徒の主体性を引き出すどころか意気消沈させ、能動的に発言することがなくなってしまうでしょう。軌道修正すべきは生徒の発言ではなく、教師の指導案のほうだということです。

指導案を修正するとはいっても、すべてを書き直すことはありません。というか、その必要はありません。単元を貫くテーマのもとでつくった骨組み（デッサン）さえしっかりしていれば、微調整で済むからです。

では、どのような微調整を図ればよいのでしょうか。

仮に私が単元の5時間目で生徒に気づいてほしかったキーワードが4時間目で出てきたクラスであれば、そのキーワードを前面に出して「どうしてそう思うのか」と促して対話させたり、必要があれば私が説明を加えたりしてしまいます。これに対して、ほかのクラスでは、予定どおり5時間目にそのキーワードが出てくるように指導します。この段階で、クラス間のバラツキを補正してしまうわけですね。

実を言うと、単元の序盤で生徒が私の想定を超える発言をしてくることはまずありません。なぜなら、説明的文章であれば序論に目が向いている（文章全体を大まかに掴むことに集中している）ので、教材の核心に迫る発言は出てきようがないからです（もっとも、1年、2年と時間をかけて自分の武器を鍛え上げてきた生徒であれば、教材の性質や単元間のつながりを見通すような見方・考え方を働かせてくるので、序盤でも核心をついてくることがないわけではありません）。

こうしたことから、およそ修正が必要になってくるのは、単元の中盤から終盤にかけてとなります。教材全体の輪郭が見えてきて、細部の意味やつながりをつかめるようになってくると、生徒のなかで〝もしかして…〟という閃きが生まれやすくなるからです。

総括すると、指導案の修正とは授業が計画どおりに進んでいないから行うというよりも、生徒からのリアクションを最大限に生かすための微調整を行うことだと言えるでしょう。

自らの授業を改善する

1　指導案そのものの更新の必要性

中学校では3年サイクルで同じ教科の授業を同じ単元配列で指導し続けていく関係上、（自治体が採択した教科書会社が変わったり、収録教材が抜本的に変わったりしない限り）各単元の指導案を見直さなくても授業はできてしまいます。

しかし、世の中の動きをつかめていないと、情報が古びてしまっていることに気づかないまま、授業改善が疎かになってしまう危険性もあります。殊に、令和3年度より新学習指導要領が全面実施され、教科書が改訂されたことから、その危険性はより大きいと言えるでしょう。

今次改訂は、「主体的・対話的で深い学び」という授業改善の視点をもつこと、カリキュラム・マネジメントを行うこと、生徒の「見方・考え方」を働かせること、資質・能力の育成を目指して教科目標の実現を図ること、３観点で適切に評価規準を設定して指導と評価の一体化を図ることなどを求めており、その関係からも日々の指導案を見直すよい機会だと思います。

私自身も勉強中の身ですが、そもそも指導案を使いまわしすることはありません。３年前の同じ単元でどのような指導をしたのかを踏まえて指導案全体を見直します。世の中の動きに加え、３年ごとに指導する生徒は入れ替わっていくし、３年間を通じて成長していく個々の生徒の変容も重要なファクターだからです。

ただ、そうは言っても、指導案の骨子を抜本的に変えることはしません。各教材が求める本質が変わるわけではないからです。変更を加えるのは指導方法や学習手段です。時代や環境に応じて臨機応変に取捨選択するわけです。

2 新学習指導要領改訂の骨子は、構造化と言語化にある

先述したように、今次の改訂ではさまざまなキーワードが打ち出されましたが、これまでの中学校教育そのものの刷新を図ったわけではありません。これまで誰もが「いい

授業だね」「生徒が素晴らしい学びの渦中にあったよね」と思える授業を、できるだけ多くの教師ができるようになることを企図した改訂であり、資質・能力や見方・考え方といったキーワードを依り代にして構造化を図り、そのために必要な言語化を図ったというのが実際です。

つまり、中学校教育が目指す本質は何も変わっていないのです。学習指導要領そのものは、いまも昔も「目標・内容基準」です。これまでと異なる点を挙げるとすれば、授業を改善する「視点」と「方法」がアナウンスされるようになったということです。その方向性の延長として、現在は「個別最適な学び」と「協働的な学び」が提起されています。

- 各単元で生徒につけたい力を明確にする（↑資質・能力の育成）
- 授業を課題解決にする（↑主体的・対話的で深い学び）
- 授業ストーリーを描いて単元間をつなぐ（↑カリキュラム・マネジメント）
- 教師の想定外の発言を起点として生徒の学びを深める（↑見方・考え方）　など

完全な一対一対応ではありませんが、これまで語ってきたことは、新学習指導要領が実現を目指す趣旨への〝解の一つだ〟と言えるでしょう。

3 主体的に学習に取り組む態度の評価

新たに定められた学習評価の3観点の一つ「主体的に学習に取り組む態度」については、改めてその必要性を感じるとともに、少し不安を感じてしまう部分でもあります。

この評価の観点は、次の二つの側面を評価することが求められます。

① 「知識及び技能」を獲得したり、「思考力、判断力、表現力等」を身につけたりすることに向けた粘り強い取組を行おうとしている側面

② ①の粘り強い取組を行うなかで、自らの学習を調整しようとする側面

中学生のなかには、自分が努力している姿を人に見せることが恥ずかしいと感じる生徒がいます。試験前になって「勉強してる?」と聞かれると、「ぜ〜んぜん」と答えるような生徒です（実際には家でしっかりと勉強している）。それに対して、クラスメートなど周囲の目があったほうが粘り強くがんばれる生徒もいます。

粘り強さという点では、学校（授業）で態度に表す生徒も家庭でがんばれる生徒も変わ

りありません。こうした現実があるなかで、どう評価するのが適切なのかむずかしいと感じるのです。

このようなむずかしさを克服するためには、教師が生徒の粘り強さを発揮できる場面（課題）を意図的につくる必要があります。

家庭での粘り強さを的確に評価する方法については現在も模索中ですが、少なくとも学校での粘り強さについては、観察や提出物、生徒の自己評価や相互評価等の状況をつぶさに観察して評価を行う際の材料にしていきます。

ただし、この「粘り強さ」とは、自分の力だけで発揮されるわけではない点にも注目しています。友達や教師との相互関係いかんによっても大きく影響を受けるからです。

他力本願と言うといい印象はありませんが、学校教育は集団のなかで学ぶ以上、他力をもって自力を発揮できる場面が数多くあります。そこで、私は努力を要する方法や、他者と協力しながら粘り強く取り組んでいける方法を授業に取り入れるようにしています。

4　見方・考え方の価値とむずかしさ

学びの「深まり」をつくる鍵として、どの教科等の目標においても「見方・考え方を働かせて」という文言が示されました。

社会科であれば、改訂前から「見方や考え方」という文言で親しんできたこともあってわかりやすいですね。３分野ごとに「地理的な」「歴史的な」「現代社会の」見方・考え方が働くようにするターゲットが「社会的事象」ですから明快です。理科や数学なども、もともと見方・考え方という概念をもっている教科です。

それに対して国語はどうでしょうか。

「言葉による見方・考え方」については、「物事を捉える視点と考えの方向性や進め方」と言い替えることができますが、これまでも普段から実際に行ってきた内容でもあります。「物事を多面的に見てみようね」とか、「今度は視点を変えて考えてみよう」と指導してきたわけですから。

ここでは、メディアリテラシーの授業を例にしてみましょう。

- 多面的な見方を通して改めて考えてみる。
- メディアの情報は切り取られた一部にすぎないことを再確認する。
- メディアの特性を理解したうえで考えながら活用する。
- 主となる登場人物から目線を変えて考えることで主人公の人物像に改めて迫っていく。

こうした内容が考えられますが、いままでと何が違うのかがわかりにくい点が「見方・考え方」のむずかしさの一つです。

それともう一つは、「『見方・考え方』は四つ目の資質・能力ではない」という点です。中教審答申は次のように述べています。

●資質・能力の三つの柱が活用・発揮され、その過程で鍛えられていくのが『見方・考え方』である。

●「見方・考え方」は、新しい知識・技能を既に持っている知識・技能と結び付けながら社会の中で生きて働くものとして習得したり、思考力・判断力・表現力を豊かなものとしたり、社会や世界にどのように関わるかの視座を形成したりするために重要なものである。「見方・考え方」を軸としながら、幅広い授業改善の工夫が展開されていくことを期待する。

「見方・考え方」は評価対象ではないはずなのですが、こうした公文書からは、〝学校教育において鍛えることを暗に示唆している〟とも読み取れます。この点をどう考えればいいか。

おそらくですが、教師の指導が画一的になるのを避けるための一つの方便なのではないか、と考えることもできるように思います。

「この教材は、○○という視点で見るんですよ」（見方）と言われれば、そういうふうにしか見られなくなるし、「今度はこう考えなさい（この方法でやりなさい）」（考え方・方法）と言われればそう考えるほかなくなります。つまり、このような指導では、生徒は教師の言われたとおりにしか学ぶことができなくなるということです。

このように、「見方・考え方」そのものはとても大事なのですが、使い方を間違えると偏った考え方を押しつけ、思考の自由度を奪ってしまう危険性があります。

そこで、「見方・考え方」に対するとらえとしては、「生徒が自らの見方・考え方が働くように、教師が仕向けることによって、結果的に鍛えられるものだ」といったあたりが賢明だと思います。

今回の学習指導要領は「『資質・能力』の改訂だ」と言われます。しかし、私個人としては「『見方・考え方』の改訂だ」と受け止めるほうがしっくりします。なぜなら、将来実社会に出たとき、本当に役に立つのは、たとえば「正しい文法で文章が書けること」（知識）よりも、知識を活用して「相手を説得できる文脈（ストーリーとロジック）をつくること」（見方・考え方）だと考えるからです。

5　見方・考え方を働かせるタイミング

視点を変えるタイミング、考えを深めさせるタイミングは、単元によっていたるところに存在します。

学習を進めていくうえで道しるべになりそうな生徒の発言を拾い上げて、「Aさんの考え方は何かヒントになるかもしれないね」と「考え方の多様性」を提示する方法もあるし、単元の最後の授業で次の単元につなげる布石として、「立場が変わればどんなことが言えるだろうね」と「視点の転換」を促すという方法もあるでしょう。ほかにも、生徒をモヤモヤさせるタイミング、スッキリさせるタイミングもあります。

いずれにしても、「何に着目してどう考えるか」のきっかけをタイミングよく生徒に与えることができれば、生徒は自らの「見方・考え方」を働かせはじめると言えそうです。このような方法であれば、「こう見なさい」「こう考えなさい」といった画一的な指導に陥らずに済むでしょう。

ほかにも、授業中〝このままだと本時のねらい（ゴール）にたどりつきそうにないな〟と感じたら、予定よりも早めに考えるためのヒントを教師のほうから切り出したり、自力で取り組めている生徒が多いと感じたら提示するタイミングを遅らせたりすることも考えられます。1時間の授業時間中、生徒個々の様子やクラス全体の雰囲気を感じ取りながら、即興的に「見方・考え方」を働かせる指導を行うということです。
このような指導を行う判断材料は、生徒の次のような姿をよりどころとします。

- 余裕そうな様子
- すでに書き終わっていて、教師に「見て」と言わんばかりにそわそわしている様子
- ペンが止まってしまって、ずっとどうしようかなと考えている様子
- 教科書とにらめっこして、何かないかなと探している様子
- どうしようかと迷っていて、隣の生徒に声をかけている様子
- じっくりと考えている様子
- いろいろ考えたけどやっぱりわからないし、自分にはできそうにないとすっかりあきらめている様子　など

たとえば、余裕そうな様子であっても、答えに対する言葉が足りなかったり、考え方が浅かったりしたら、次のように声をかけて再考を促します。

「いま、ワークシートに○○と書いている人が多いけれど、それだけで足りるのかな。答えに本当にたどり着くと思う？」

ペンが止まってしまっている様子であれば、「考え方」のヒントを提示したり、周りと相談させたりします。

教科書の記述から答えを見つけられずにいる生徒が何人もいるようであれば、すでに答えにたどり着いている生徒に「それ、何ページに書いてあったの？」と少し大きめの声で尋ねて、ページ数を言ってもらいます。すると、周囲から一斉にページをめくる音が聞こえてきます。

あえて直接的な指導をしなくても済む手ですが、この方法のよいところはほかにあります。それは〝自分がわからないことを教師から教わった〟から〝友達のヒントのおかげで自力で解決できた〟と受け止めがシフトすることです。

あるいは、すでに課題を終えて「見て、見て」と言わんばかりに私をチラ見してくる生徒に対しては、「あれっ、本当に答えはここだけだっけ？」とゆさぶりをかけて、さらなる学習の深まりを促します。

このように、それぞれの生徒の様子やクラス全体の様子に応じて、生徒自らが「見方・考え方」を働かせるサポートは、普段の授業で行われていることではないでしょうか。

そう考えると、「これからは、生徒の『見方・考え方』を働かせる指導をしなくては！」などと肩ひじを張る必要はなく、適切なタイミングで、的確な合いの手を入れていれば、自然と生徒の「見方・考え方」を働かせる指導ができていると考えればいいと言えそうです。

1時間の授業の終わりもスッキリさせない

ここまで単元間のつながり、授業間のつながりについて述べてきましたが、あえて一話完結型の授業を行うこともあります。漢字や文法など、言語を扱う授業の場合がそれにあたり、その1時間でスッキリ（理解）させることを心がけながら指導します。しかし、そうでない限り、基本的にはスッキリさせません。どの授業でも、最後はモヤッとさせるのが私の信条です。

「情報社会を生きる―メディアリテラシー―」（説明的文章）の単元の最初の時間であれば、その1時間のうちに「メディアリテラシーとはどのような能力なのか」を言語化するところまでいきます。生徒のほうも〝なるほど、そういうことか〟とスッキリしかけた表情をしていきます。そのタイミングをねらって、次のように切り出します。

「う〜ん、わかったような、わからないような…言葉が専門的すぎてわかりにくいよね」

すると、生徒のほうは〝またか…〟という顔をします。私の授業スタイルをよく知っているからです。私は、かまわず話を続けます。

「もっとわかりやすい言い方はないかな…あると思うのだけど…」

終業のチャイムが鳴ります。

「じゃっ、今日の授業は終わりだから仕方がない。その課題については次の時間ね」

*

学びは一方向では生まれません。送り手が送り、受け手が受け、今度は受け手が送り手になって送り返す、こうした双方向性があってこそ生まれます。これが、授業は画一的であってはならない理由です。

世間的には「一斉・画一の授業はダメだ」と「一斉」とセットで批判されます。それに対して私は、知恵の浅いステレオタイプな言い方だと感じます。

マズイのは「画一」であって「一斉」ではありません。双方向性のある優れた講義型の授業は数多くあります。それに、そもそも学校教育は集団のなかで学んでいきます。

始業のチャイムが鳴ったら一斉に授業がはじまる、スタートのピストルが鳴ったら一斉に走り出す、教師の指示で一斉にグループ活動をはじめる、教師が合図したら一斉にテストの問題に取りかかる。数え上げたらキリがありません。自明なことをあげつらっているように見えるかもしれませんが、それが事実です。「一斉」を否定されると学校教育そのものが成立しなくなってしまうのです。

問われるべきは、「一斉」の質です。双方向性の「一斉」になっているかです。私自身の指導観では、授業の終わり、単元の終わりになったら生徒を一斉にモヤッとさせて、次の学習に向かわせるわけですね。

生徒が自分で課題を見つけて探求し、その答えがまた次の問いになる。言い換えれば、授業の過程では「なるほど、わかった」（理解）とスッキリさせつつも、授業の終わりにはまたモヤッとさせる。この繰り返しです。

対話を活性化する方法

対話は、対話する対象によって意味合いや学習効果が変わってきます。たとえば、次が例として挙げられるでしょう。

【生徒同士の対話】

●お互いに足りていない（理解しきれていない）事柄について何かヒントとなるような考えがないかをお互いに引き出し合う。

●答えにたどりつくためにどのような方法を使ったか、プロセスを経たかをもちよって、思考のバリエーションを増やす。
●答えの一つには行きついてはいるのだけど、もっと適切な答えはないかなど、最適解を探る、など。

［教師と生徒との対話］

●生徒から引き出した考えを起点にして、その考えを広げたり深めたりする。
●生徒にゆさぶりをかけて、その答えで本当によいかなどと再考させる。
●答えは一つしかない場合もあるし、複数ある場合もあることに気づかせながら、多様な考えを引き出す。
●特定の生徒の困り感を共有して、生徒の理解をより確かなものにする、など。

ほかにも、地域の方との対話、教材の筆者や作者などとの対話などがあります。ここでは、「生徒同士の対話」と「教師と生徒との対話」に絞って深掘りしていきます。

まずは、私が中学生のときの話から。

とても怖い先生がいました。発問に対して私たち生徒が手を挙げられずにいると怒声が教室中に響き渡ります。

「なぜ手が挙がらないんだ。きみたちと私の授業なんだから、お互いにやらなければいけないだろう。ちゃんと手を挙げなさい！」

そう怒鳴られて仕方なく、私たちは（よくわかっていないのに）渋々手を挙げます。差されたクラスメートはさらに悲惨です。答えられないのはわかり切っているわけですから。教室の空気はいつもピリピリと張り詰めていました。

ただ、その先生のロジックそのものが間違っていたわけではありません。生徒と教師の双方向性があってはじめて授業は成立するからです。問題は、その双方向性の、もち方です。

右の例では、生徒は委縮するばかりで双方向性どころか、教師の発問内容すら頭に入ってこないでしょう。何を問われているのがわからなければ、答えようがありません。教師からの、あるいは生徒からの「発信・受信する方法」には吟味が必要だということです。

それから月日が経ち、私も教師として教壇に立ったとき、対話のむずかしさを痛感することになります。机間指導をしていて、よく書けている生徒が多ければ、〝きっと発言してくれるはずだ〟と思って発問してみるのですが、いっこうに手が挙がらない。いろいろと工夫を凝らしてみるのだけど、なかなかうまくいかない。何かしら生徒の考えを引き出したいのだけど対話のスタートを切れない。そんなジレンマを抱えていました。

そこで、こうした状況をどのようにとらえるかから着手しました。

●自分の考えに自信がもてない。
●みんなの前で発言するのは恥ずかしい。
●自分の考えが認められなかったら、どうしよう。怖い、不安。
●自分はもう理解できたから、わざわざみんなの前で言う必要はない。
●誰も手を挙げないから自分も挙げない（目立ちたくない）。

このように、ネガティブな思いによるケースや、知っているけど言わないケース、周囲の状況から自分に降りかかるかもしれない不利益を未然に防ぐケースなどがあると感じました。

こうした状況を打開する方法として、次の二つを組み合わせます。

①周りと相談したり確認したりする。
②書けたかどうかの確認を行う。

まず、全体を見て回り、どの生徒もある程度しっかりと書けていた場合は、書き終わった生徒から順に①を行うように指示します。この対話は、お互いの共通点を見いだしたり、意見を出し合ったりする場を設けることが目的です。〝Aさんも、私と同じ考えなんだ〟と思えれば、ネガティブな思いの解消につながります。

また、意見が異なる場合にも、生徒同士であれば「どうして、そうなの？」と気軽に聞き合えます。もし、「あぁ、なるほどね」とクラスメートに同意してもらえれば、自分の考えに自信をもつことにもつながるでしょう。

評価という観点から、教師と生徒との関係を考えると、前者が評価者、後者が被評価者なので、生徒は常に教師の目を気にしています。しかし、生徒同士の関係性にも目を向けると、違った側面が見えてきます。それは、生徒は教師よりもクラスメートの評価のほうをより強く気にしているということです。だから、クラスメートから「なるほど」と言われるほうが、教師に言われるよりも心に響くのです。

さて、お互いの考えを伝え合い考え合う①の対話が終わった後は、②の「書けたかどうかの確認を行う」に移ります。「指名しないから、書けたかどうかの確認をします。書けた人は手を挙げて」と声をかけると、かなりの手が挙がります。「わかったかどうか」ではなく、「したかどうか」といった意思表示であれば、例に挙げたケースには当てはまりません。

今度は、手が挙がっている状態で「発表したくない人は手を下ろしてください」と指示します。すると、手を下ろす生徒が少ないことに気づきます。

これは、手を挙げている人が多い状態なので、急にサッとは降ろしにくいのかもしれません。あるいは、抵抗感を感じるのは最初に手を挙げる瞬間だけなのかもしれません。いずれにせよ、「そんなのもういいよ、わたしはもう知っているし…」といった生徒も、〝まあ、いいか〟という感じで挙げっぱなしになります。

それでも、手を下ろす生徒のほうが多い場合には、いったん全員の手を下げさせ、再び①の交流を行い、次のように指示します。

「自分の意見でもいいし、他の人の意見でもいいので、何かいいと思うことがあったら教えて」

すると、割と発言してくれます。自分の意見は恥ずかしくても、他の人の意見であれば言いやすいのでしょう。また、交流を通して友達と考えが同じであれば、味方がいることで発言へのハードルが下がるという側面もあります。「Aさんの言っていたことなんですけど…」と切り出していい意見が出れば、言ってもらったAさんのほうも〝自分では言えなかった考えを言ってくれた〟とうれしい気持ちも生まれ、これまたみんなの前で発言する抵抗感を薄めることができます。

この段階までくると、「Bくんの意見と似たような意見はある？」という問いかけだけでなく、「Cさんの意見とは違う意見はある？」といった問いかけにも反応してくれるようになります。①の対話で、意見が違っていても、クラスメートから「なるほど」というお墨つきをもらっているから答えやすくなっているからです。

生徒の意見で仮に、〝その考えはどうなんだろう〟と思うことがあれば、「どうして、そう考えたの？」とその生徒の考えを深掘りしたり、「みんなはどう思う？」「隣の人と意見交換してみてね」と促します。

たとえ答えが間違っていたとしても、「どのようにしてその考えに至ったのか」を確認するわけです。その間違いが、単純な読み取り部分の欠如であれば、全体で補足しながら確認すればよいし、考え方の違いであれば、その意見を糸口にして全体交流を活性化させる材料にすればよいと思います。

一人の気づきや考えを全体の学びに振り替えてしまうわけですね。そこまでやれば、間違いを口にした生徒も、〝自分の意見を受けとめてもらえた〟という気持ちをもてます。

ときには、誰も予想していなかったおもしろい答えが返ってくることもあります。そんなときは、生徒に先んじて私自身が楽しんでしまいます。どのように思考を働かせたらそんな考えになるのかを探ってみたくなるし、全体の意見もほしくなります。

このように、生徒の学びを深めるべく達観しながらも、ときには生徒の考えにのっかっておもしろがることも大切だと思います。授業だけではありません。ちょっとした休み時間でも生徒との会話を楽しむ。おもしろがる。

私は授業が大好きです。つくるのも好きです。生徒とかかわるのが好きです。〝転職して本当によかった〟と心から思います。

第3章

1時間ごとの授業マネジメント

本章では、これまでの章で語ってきた「単元をつなぐ」「指導案は一気につくる」「失敗やつまづきを設定する」「授業の最後で生徒をモヤっとさせる」といった考え方を踏まえつつ、具体の授業をどのようにマネジメントすればよいかについて語っていきます。

目的先出し、1時間の授業展開は最後の工程から説明する

繰り返しになりますが、単元最初の授業の冒頭、私は単元のゴールを生徒たちに伝えてしまいます。

それは何のためか、もう一つ理由があります。

筋トレをする際には、自分の姿を鏡に映し、「理想の姿」を想像しながらトレーニングを行うと、より効果的に筋肉をつけることができると言います。この効果は、学習においても同じではないかと考えたからです。

自分はどこに向かって学習をするのか、それはどんな学習なのか、どれくらいのスパンで行うのか、その結果その学習は自分に何をもたらしてくれるのか（単元終了後の自分の理想の姿）を知ることが、生徒に安心感とモチベーションを与えてくれると思います。さらに、**「成功イメージ」をクラスメートと共有できれば、さらに学習効果を高め合う土台**

同じような型にはめて授業を行うほうが、生徒も「ああ、あのときと同じね」と共通理解を図りやすくなります。

どのような教材であっても効果的なオールマイティーの型があればそれに越したことはありません。しかし、教材が違えば、ゴールにたどり着く方法はおのずと変わるはずです。そのため、型は型として運用するのだけど、状況に応じて変形する柔軟性が必要です。いずれにしても共通することは、単元のゴール、1時間の授業のゴールに向かって生徒が少しずつ着実にステップアップしていけるようにサポートすることです。

また、単元や1時間の授業だけではなく、次のように長いスパンで学習のゴールを示すことも行います。たとえば、

「30分で自分の考えを８００字程度にまとめられるようになろう」

「1年後には、筆者の工夫点を３つ以上見つけられるようになっていよう」

こうした言葉をかけながら、

「卒業するころには、これまで学習してきた説明的文章よりもむずかしい文章に出合っても、自分の力で読み解けるようになっているからね」

と生徒に伝えています。

こうした言葉が単なるお題目や精神論にならないようにするためには、1年先、2年

先を見通した年間指導計画の精査が必要です。**生徒側の学びは、生徒自身の自走によって深まりますが、その学びの伴走者である教師は、しっかりとした計画に基づいた授業を設計することが欠かせない**からです。

コロナ禍やその他の外的要因のために、学校が休校になり授業数が減ったとしても、生徒につけたい力を明確にしてさえいれば、ゼロから計画をつくり直さなくとも調整していけます。

置き石の授業

私たち教師は、一時間一時間の授業をしっかり積み上げていけば、その結果として生徒に必要な力が身につくはずだ、と思いがちです。その考え方自体は間違っていないと思うのですが、問題はその積み上げ方です。

毎時間の授業は手段です。目的ではありません。目的は、単元のゴール（ある単元の授業をすべて終えたとき、生徒がどのような力を身についていればよしとするか）にたどりつくことです。そのためには、毎時間の授業が、教師の意図のもとにつながっている必要があります。

そのための手法の一つが、置き石の授業です。単元全体が一本の線のようにつながるように石を置くわけです。
この手法が効果を発揮するためには、次の二つが担保されている必要があります。

●本時の授業が単元全体のなかでどのような位置づけなのかが、教師の意図のもとに明確になっている。

●生徒一人一人が、単元の最終的なゴールはどこかを知っており、いま受けている授業はその道筋のどこに位置づいているのかを理解している。

なかなかにむずかしいことではありますが、この手法がうまくはまると、生徒自身に次の理解が生まれます。

●学習を通じて、授業者が自分たちに求めていることは何か。
●最終的に自分がいま学習していることはどこにたどりつくのか。
●そのために、この1時間で自分が学ばなければならないことは何か。

このような教師と生徒双方の共通理解が図られていると、教師があれこれ気を揉まなくてもよくなります。生徒のほうが毎時間の授業に対して、自分なりの意義を見いだすようになるからです。

では、実際にどのような置き石（布石）をすればよいか、次の実践を通して紹介していきましょう。

弔辞を書く―置き石の授業展開例

ここでは、『握手』（井上ひさし著『ナイン』収録、講談社、1987年）の単元を使って、弔辞を書く置き石の授業展開を扱います。まず生徒には単元のゴールを先に伝えてしまいます。

〈単元のゴール〉ルロイ修道士に送る弔辞を書く

まず最初にお断りしておくと、「弔辞」を書く授業は東京都港区立赤坂中学校の甲斐利恵子先生の実践を下敷きにしています。この実践に触れたことで、『握手』に登場する人物の魅力を生徒が主体的にとらえられるようにするにはどうすればよいかが、私のなか

料金受取人払郵便

本郷局
承認

3601

差出有効期間
2022年２月
28日まで

郵便はがき

１１３８７９０

東京都文京区本駒込5丁目
16番7号

東洋館出版社
営業部 読者カード係 行

ご芳名	
メール アドレス	@ ※弊社よりお得な新刊情報をお送りします。案内不要、既にメールアドレス登録済の方は右記にチェックして下さい。□
年　齢	①10代　②20代　③30代　④40代　⑤50代　⑥60代　⑦70代～
性　別	男　・　女
勤務先	①幼稚園・保育所　②小学校　③中学校　④高校 ⑤大学　⑥教育委員会　⑦その他（　　　　）
役　職	①教諭　②主任・主幹教諭　③教頭・副校長　④校長 ⑤指導主事　⑥学生　⑦大学職員　⑧その他（　　　　）
お買い求め 書店	

■ご記入いただいた個人情報は、当社の出版・企画の参考及び新刊等のご案内のために活用させていただくものです。第三者には一切開示いたしません。

Q　ご購入いただいた書名をご記入ください

（書名）

Q　本書をご購入いただいた決め手は何ですか（１つ選択）

①勉強になる　②仕事に使える　③気楽に読める　④新聞・雑誌等の紹介
⑤価格が安い　⑥知人からの薦め　⑦内容が面白そう　⑧その他（　　　　　　）

Q　本書へのご感想をお聞かせください（数字に○をつけてください）

4：たいへん良い　3：良い　2：あまり良くない　1：悪い

本書全体の印象	4―3―2―1	内容の程度/レベル	4―3―2―1
本書の内容の質	4―3―2―1	仕事への実用度	4―3―2―1
内容のわかりやすさ	4―3―2―1	本書の使い勝手	4―3―2―1
文章の読みやすさ	4―3―2―1	本書の装丁	4―3―2―1

Q　本書へのご意見・ご感想を具体的にご記入ください。

Q　電子書籍の教育書を購入したことがありますか?

Q　業務でスマートフォンを使用しますか?

Q　弊社へのご意見ご要望をご記入ください。

ご協力ありがとうございました。頂きましたご意見・ご感想などをSNS、広告、宣伝等に使用させて頂く事がありますが、その場合は必ず匿名とし、お名前等個人情報を公開いたしません。ご了承下さい。

で明確になりました。

［1時間目］

まず大まかな内容理解を行います。

通読後は、色分けをした付箋に「疑問」と「感想」を書かせます（このうち、「疑問」とは「自分が読み解いていきたいこと」を指す）。その後、4人のグループで交流します。次にグループのメンバーが付箋に書いた「疑問」や「感想」を「人物」「展開」の二つに分類していきます。

〈疑問①〉

●ルロイ修道士は、なぜ本当のことを言わなかったのか。
●「私」が行った最後の指言葉の意味は何だったのか。
●ルロイ修道士は体調が悪いのに、なぜ会いに行ったのか。

〈感想①〉

●ルロイ先生の優しい性格が素敵だった。
●私や天使園の人たちがルロイ先生のことが好きだということが伝わった。

〈疑問②〉

●指をつぶすというシーンは、なぜあったのか。

●幼少期の「私」と、いまの「私」はどう変化したのか。

●昔のルロイ修道士と、いまのルロイ修道士は同じ性格か。

●なぜ、題名が『握手』なのか（『ルロイ修道士』でもいいのでは？）。

〈感想②〉

●時代を行ったり来たりしてわかりにくかった。

このように活動を進めていくと、メンバー間で似た意見がいくつか出てきますね。特にクライマックスの場面に惹かれる生徒が多く見られます。

私たちに会って回っていた頃のルロイ修道士は、身体中が悪い腫瘍の巣になっていたそうだ。葬式でそのことを聞いたとき、私は知らぬ間に、両手の人さし指を交差させ、せわしく打ちつけていた。

（出典『ナイン』井上ひさし『握手』）

こうした共通性に着目して次のように声をかけます。
「なるほど、みんなは最後の場面が気になったんだね。だったら、その箇所を読み解いてみようか」
すると、課題設定をしたのはあたかも自分自身であるかのように生徒が錯覚してくれます。この錯覚が、生徒のモチベーションの源泉になります。教師から学習を強制される〝やらされ感〟を減じることができるからです。

この時間で重視しているのは、「自分たちで課題を見つけ、解決していくという構図をつくる」ことです。これが1時間目の置き石となります。課題を解決するためには「ルロイ修道士のことをよく知らないと弔辞を書けそうにないね」と投げかけるための置き石です。

付箋には次の記述を抜き出した生徒もいます。

- 敗戦国の子どものために、泥だらけになって野菜をつくり、鶏を育てている。
- 一人一人の人間がいる。それだけのことですから。
- 「困難は分割せよ」という言葉を残した。
- 無断で天使園を抜け出したときに私を平手打ちした。

こうした一つ一つの意見を丁寧に拾っていきます。単元全体の授業を展開するなかで答えを見いだしていける意見もあるし、すぐに答えが出る意見もあります。しかし、いずれも生徒が自分なりに考えた「疑問」と「感想」ですから、蔑ろにすることなく正対します。

[2時間目]

ルロイ修道士の人物像を読み取っていきます。行動描写や情景描写をもとにしながら、箇条書きで「この人って、こういう人なのでは?」とメモ書きさせます。この段階では、〝おそらくは…〟という程度の覚書であり、クラスメートと交流するための材料です。この材料をもち寄って周りの友達と交流します。新たな着眼点が生まれたり、自分の考えに自信をもつことができたりします。

そのうえで「ルロイ修道士はこのような人物である」という文章を、根拠を明確にしながら書いていきます。友達との交流を経たことで、どの子もある程度の確信をもっています。

●誰に対しても平等で、子どもたちのことを大切に考えている優しい人

●卒園後も、子どもたちを気にかけている愛情をもったよい人
●自分のことより、子どもたちを気にかける愛にあふれる人

最後は（授業が終わるタイミングで）子どもの考えに揺さぶりをかけます。「ルロイ修道士って、本当にそれだけの人なのかなぁ」と問いかけます。「主人公をぶってしまったり、自分が死ぬことを正直に言わなかったりするのに…」

これが2時間目の置き石です。それまで、「よく書けているね」などと価値づけてくれていたのに「どういうこと？」という顔をしたところで終業のチャイムが鳴ります。

作中、ルロイ修道士は好人物として描かれています。そのとらえ自体は間違いではありません。問題は、ただ読ませて書かせるだけでは、「生徒は『ルロイ修道士は、よい人』である」という側面でしか解釈しようとしない点にあります。

実際の授業でも、私の思惑どおりに、生徒はモヤっとしてくれました。このモヤモヤが、〝ほかにも別な側面があるのかも…〟という気づきになり、次時につながります。

これが、「人物像を多角的にとらえるようにする」という本時に設定した私のねらいです。単元のゴールである「弔辞を書く」ために必要なアプローチです。

【3時間目】

まず、前時に置き石したルロイ修道士の「『いい人』というだけではない」側面を再び取り上げます。

T　ルロイ修道士はよい人だという意見が多いけど、本当にそれだけなのかな。たとえば「私」に手をあげたり、その後に無視したりもしているよね。それに、病気のことだって本当のことを言わないし。みんなはどう思う？

S　手をあげたのは、本当に大切に思っていたからじゃないかな。けど、その後の無視する場面は…悪いことを印象づけるため…かな？　あと、病気のことは、やっぱり心配させたくなかったんだと思う。

T　ちなみに、実際にはそうしないけど、もし仮に私が指導と称してきみたちに手をあげて、その後に無視したら、「冨塚先生って、いい人だなぁ」ってみんなは思う？

S　いや、思わないです！　悪い印象かな。

といった対話を入れながら、神格化されがちなルロイ修道士の人間らしい弱い一面にも気づかせていきます。

ルロイ修道士の多面性について意見を交流した後は、1時間目で出し合った「クライマックスの場面」（「私」との別れのシーン、葬式のシーン）を読んでいきます。そのうえで、次の発問です。

「ではなぜ、ルロイ修道士は本当のことを言わなかったのだろうね」

前時の置き石であるモヤモヤが効いてくる瞬間です。生徒から、思い思いの意見を引き出すことができます。

次時につなげる置き石は、葬式での「指言葉」です。本時の最後に「どんなときに、どのような『指言葉』が出たか」を再確認したうえで、「次の時間では葬式の場面での指言葉について考えていくよ」と伝えます。

【4時間目】

本時のゴールは、指言葉に込めた言葉を探り、弔辞の下書きを書くことです。

授業の冒頭で、この本時のゴールを生徒に伝え、一つの動画を観せます。タモリさんが故・赤塚不二夫先生へ送った弔辞です。「私もあなたの数多くの作品のひとつです」で締めくくられた弔辞はニュースにもなりましたね。この弔辞の全文（テキスト）を記した資料も配布します。そのうえで、次のように促します。

「さて、みんなが学んできたこの物語は、ルロイ修道士の指言葉で終わっています。このとき『私』に何を言いたかったのか。タモリさんが赤塚先生に送った言葉を参考にしながら、弔辞の下書きを書いてね」

実際に書こうとすると「私」と「ルロイ修道士」の関係性が自分なりに明確になっていないと書けないことに生徒が気づきます。その様子を見取りながら、これまでに置いてきた置き石を一つ一つ思い起こさせるようにします。

生徒一人一人が主人公になり代わり、弔辞の下書きを書いたところで本時は終了です。

【5時間目】

本単元の最後の授業は、弔辞の清書です。1時間の授業内で800字にまとめますから、中学生には結構な分量です。生徒は、たとえばこんな弔辞を書いてくれました（一部を抜粋）。

「2人の関係は本当の親父ではないけれども、おやじを通り越して私の師匠でした」

↓私（孤児）とルロイ修道士（孤児院の先生）の関係性をさらに深掘りする。

「本当のことを言ってくれなかった。死ぬ理由とか、本当は末期がんだということを言ってくれなかったことが、あなたの優しさなのですね」

→文章には描かれていないルロイ修道士の内面の心情をおもんぱかる。

＊

さて、私には、自分がどうしてもそうしたくない授業というものがあります。

一つ目は、単元を通して自分が学習してきたことにどんな意味があるのかが、生徒にとってさっぱりわからない授業です。〝自分が学習してきたことは、結局のところいったい何だったの？〟と生徒に思わせたくありません。

二つ目は、「終わりよければ、すべてよし」とばかりに、単元の最後の授業だけがんばってしまう授業です。生徒からしたら、〝え？　いままでやってきたことは何？〟と、やはり思わせてしまうでしょう。

毎時間の授業に対して生徒自身が何かしらの意味を見いだし、最終コーナーを回った後は、単元のゴールに向かって自走していけるような授業展開を私は理想としています。

いつもうまくいくとは限りませんが、**教師も生徒も最終的なゴールをお互いにイメージしているからこそ、毎時間の授業を大切にできる**ようになると思うのです。

お散歩授業

（これまで繰り返し述べてきたように）たとえ単元の最後の授業であっても、私は常に「次につながる授業」を意識しています。

この「次につなげる授業」は、「○○のときには、必ず□□する」といった定型があるわけではありません。幅広く展開できる手法です。たとえば、「ひたすら情報を集める1時間」「とりあえずメモ程度を書かせる1時間」「外に出て自分だけの発見をしに行く1時間」などさまざまです。そして、この最後にあたるのが「お散歩授業」です。

国語の授業で「なぜ、外に行くの？」と不思議に思われる方もいるかもしれません。しかし、奇をてらっているわけでもありません。この試みは、「吟行」にほかならないからです。

「吟行」とは、一般に「詩歌を吟じながら歩くこと」「和歌や俳句の題材を求めて、名所・旧跡などに出かけること」を指しますが、それを授業に採り入れているわけですね。

俳句に限らないことですが、国語の授業と言うと、教科書掲載の教材を読み込み、その内容理解や心情理解を促す展開が一般的だと思います。実際、私自身もほとんどの授業ではそのように進めます。

しかし、授業はそれだけではない、教室の外に出かけて行って、生徒一人一人が何かしらの発見を教室にもち帰り、それらを材料として3領域（「書くこと」「読むこと」「話すこと・聞くこと」）につなげる授業をつくってもいいんだと考えています。こんな考えからはじめたのが、「吟行」ならぬ「お散歩授業」だったわけです。


「ちょっと、お散歩しにいこうか」


生徒たちにそう声をかけて出かけています。校舎や校庭、体育館など、ほかの授業の邪魔にならないように歩いて回ります。目に見えるものだけではなく、「諸感覚をフルに使って感じ取ろう」と生徒に促します。

校庭でサッカーをする生徒たちのかけ声、1階の渡り廊下の脇に苔むす植物、季節の風、肌にあたる日差し、給食室から漂ってくるいい香りなど、自分が感じたことであれば何でもかまいません。それらを感じるままに教室に持ち帰り（自分なりの発見を材料にして）俳句づくりを行うわけです。

さて、この俳句の単元は3時間構成で、最終的なゴールは「俳句を詠むこと」です。

「どのような俳句を詠むか」については、学年によって変化をつけます。

1年生「中学生らしい俳句を詠もう」
2年生「句会で発表するための俳句を詠もう」
3年生「情景や思いが伝わるような俳句を詠もう」

たとえば、1年生の1時間目は「小学生時代との違い」に気づけるようにすることからスタートします。まず最初に小学生時代を思い返しながら、「中学生らしさ」について学び合う時間を設定するわけですね。これが、一つめの「置き石」となります。

2時間目は、俳句を詠むための材料集めです。この時間に「お散歩」(吟行)を行います。自分なりの気づきや自分だけの材料を見つけることが、二つめの「置き石」です。

3時間目は、いよいよ詠んでいきます。授業の冒頭では短冊などに書くためのルールを学びます。これが最後の「置き石」です。つまり、1~3時間の「置き石」をつなぎ合わせながら、単元のゴールである「俳句を詠む」実践に向かいます。

このような授業展開で目を見張るのは、生徒の感覚が鋭敏になることです。

「教科書を学ぶのか」「教科書で学ぶのか」といった古い言い回しがありますが、前者ではなかなか生まれない生徒の変容を目の当たりにすることができます。

自分なりに見つけた発見（吟行）と、自分だけの材料を使った活動（俳句づくり）の双方が組み合わされることで、彼らのイマジネーションとクリエイティビティがかきたてられるのでしょう。

実際、３時間目の中盤には、目をつむって回想にふける生徒、口元に笑みを浮かべながら短冊に自分の俳句を書く生徒など、思い思いの活動で、どの子もみな楽しんでいます。生徒それぞれに思い浮かべていたことは、本当にそれぞれ。でも、共通することもあります。それは、どの子もしばし視覚世界から解放されて、教室のなかにいても（校内外を歩き回っていたときと同じように）諸感覚をフルに使っていることです。

俳句は十七音。この少ない音に自分の思いを込めます。そのためには、言葉の精選が何より大切です。「どの言葉をどのように使えば、自分の気づきを形にできるか」と、どの子も考えようとするわけですね。

順番を入れ替えてニュアンスの違いを楽しむ生徒、類義語を探す生徒、歳時記から新たな発見をする生徒など、自分なりの着想で言語感覚を培っていきます。すると、「文章を書くには語彙が大切です」などと声高に強調しなくとも、自然に無理なく豊かになっていきます。

人物相関図—文章構成の必然性を見抜く思考ツール

私は、授業でよく「人物相関図」を制作する授業を行います。「AさんとBさんは親子、CさんはDくんに想いを寄せている」といった、映画のパンフレットやドラマのホームページなどに掲載されている、登場人物の関係性を表す図を制作する授業です。

まず手はじめに、人気テレビ番組の人物相関図を生徒に提示し（資料2）、人物相関図を制作するために必要な情報（要素）は何かを考えさせます。

ここで言う「相関」とは、双方向ではない一方通行の関係性、両親、子ども、兄弟姉妹といった家族間の関係性、仕事上かかわりがあるといった関係性では足りません。「人物同士がお互いに何かしらの利害関係をもっているなど、影響を及ぼし合える関係性」であることを示す情報（要素）の必要性に気づいてもらうわけです。

そのうえで、「これから物語を読むこと」「授業の最終的なゴールは、自分が読んだ本に登場する人物の相関図を制作すること」を生徒に伝えます。これは、自分たちがどこに向かって学習していけばよいか、あらかじめ見通しをもってもらうためです。

資料２　ドラマの人物相関図

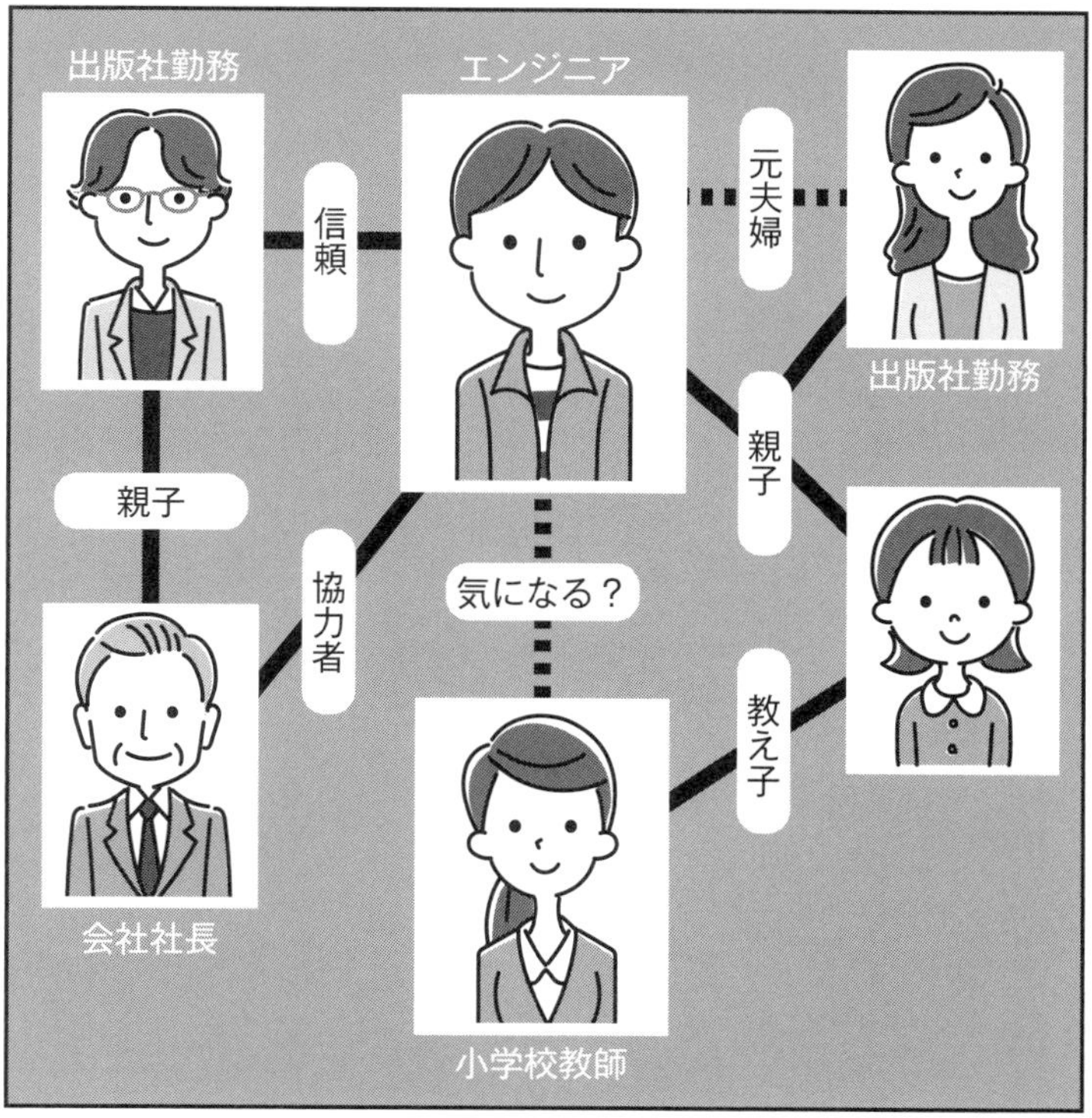

　さて、そもそも何のためにこのような実践を行うのでしょう。

　それは、「物語に登場する登場人物には必ず何かしらの役割がある（無意図・無意味に登場させられているわけではない）」ことに気づかせるためです。

　たとえば、主人公の変化と人物相関図を見比べながら意見を発表させると、あることに生徒は気づいてくれます。それは、「どの人物が欠けても、主人公が最終的な成長を遂げることができない」ということです。この共通性から物語の展開に目を向けさせると、一見意外に思えるクライマックスであっても、けっして偶発的なものではなく、不可避である（必然性のある伏線回収）であることにも気づくことができます。

最終的には、物語を再読することで、一読目には気づかなかった細かな描写や、何気ない会話のなかに実は物語の核心に迫るメインテーマが触れられていることなどに生徒が気づきます。このように、「人物相関図」を制作し、物語とつき合わせることで、人と人とのつながりを意識するような読み方を身につけていくわけです。

なかには、登場人物間の関係性や必然性になかなか気づけない生徒もいます。そうした生徒には、主人公に何かしらの変化が生まれたきっかけとなる出来事にもう一度注目させます。その箇所の前後の文章やパラグラフを概観することで、自分が選んだ人物が物語のなかでどのようなポジションなのかを見つけ出すヒントにするわけです。

ここからは、実際にどのように授業を展開していくかを紹介しましょう。生徒が取り組む物語は、三浦綾子著『塩狩峠』（新潮社）です。

[1時間目]

まず、主人公が幼少期から大人になるにつれて、どのように変化していったのかをとらえていきます。変化するきっかけになったエピソードなども全体で確認しておくことが、この時間の「置き石」です。

【2時間目】

本時では、「人物相関図」を制作します。数多くの人物が登場する物語では、すべての登場人物を相関図にはめ込むことは困難であるため、主人公と直接的に関係の深そうな5~6人に絞ります。

つまり、主人公を人物相関図の中心に据え、各人物たちが主人公とどのような影響を与え合ったか、根拠を明確にしながら線や矢印でつないでいくわけです。根拠となる表現は、発表する際に引用して読むというルールを設けます。

具体的には、2~3人でグループを編成し、主人公に加えてどの人物を読み深めていくかを対話しながら決めます。そして、主人公と選んだ人物がお互いに影響し合い、どのように主人公を成長させていったのかを再読しながら考えていきます。

【3〜6時間目】

引き続き、自分たちで選んだ人物の相関をまとめていくのですが、少し動きを入れます。クラスのなかで同じ人物を選んだグループと交流する活動です。こうした活動を挟むことで、同じメンバーだけで論じ合っていたときには気づかなかった発想が生まれたり、マンネリ化を回避したりすることができます。

以前、「隣のクラスの２組のグループでは、こんな人物を選んでいたよ」（逆に２組では１組の状況を提示）と伝えたところ、休み時間などにクラスを越えた読書交流会に発展したこともあります。

交流は生徒の思考を活性化します。その結果、より深く作品や人物について主体的に学ぶことができます。さらに、メンバー外のグループとの意見交換は、自信を深める機会ともなります。自分たちが考えた根拠と同じであれば、当然そうですよね。

あるいは、根拠は同じでも、引っ張ってきた箇所が異なることもあります。その場合には、複数の視点をもてるわけですから、多角的に考えることができ、根拠をより補強することができるでしょう。

このように、交流を工夫することで、全体発表の際の生徒の姿が変わります。うつむいて手元の資料を読み上げるような発表ではなく、ルックアップして（自信をもって堂々と）

自分たちの考えを伝える発表になります。まさに、一人ではたどりつけない学びの発露だと言えるのではないでしょうか。

さて、全体への発表では根拠となる箇所を本の引用を行いながら行います。1グループの発表が終わるたびに質疑応答の時間を取ります。一人一人がしっかりと読み深めているので、根拠が曖昧だったり読み方が自分と違ったりすると、周囲の生徒から容赦なくツッコミ（質問）が入ります。

けっして一問一答では終わらない往復する質疑応答です。自分の考えと違うところ、似ているところを起点として、対話が広がったり深まったりします。その結果、生徒一人一人の納得感が増します（1時間のタイムマネジメントのむずかしさはありますが…）。

全グループの発表が終わると、人物相関図の完成です。

要約する過程を見せる実演指導

説明的文章の授業で、私が特に重視していることは、概要をつかむことです。そのための要約力ですが、形式段落または意味段落ごとに小見出しをつけることを重視しています。小見出しは情報の整理に役立ちます。情報が整理されると、文章の概要をつかむことができるので、今度は整理した情報をもとに要約することができます。

この小見出しをつける活動は、特に生徒に意識づけるようにしています。単元が進むうちに、小見出しつきの教材が出てくることもその理由の一つですが、日常的な活動として取り入れることで、入試の設問文や大人になって必要となる専門的な文章に出合っても、適切に対応できる力を自然に身につけることができるからです。

さらに、説明文全体を通じるキーワードを見抜く力もついてきます。小見出しをつけることで、重複して登場する単語が浮き彫りになります。複数回出てくるということは、その説明文において大切な言葉であると判断することができます。

また、「～とともに」と文が数珠つなぎになっている文章、1文のなかにさまざまな要素が入れ子になっている文章など、ちょっと読んだだけでは、内容も意図もつかみにくい文章もあります。このような場合には、「区切り」をつけます。そうすることで理解の助けになるし、段落間の関係性も見えやすくなります。

では、その一例を紹介しましょう。

まず、「今日の授業では段落を要約します」と伝え、文章全体を通読した後に形式段落を振っていきます。もし「要約するとは何をどのようにすることなのか」を生徒が理解できていないときは、既習単元や別教材を使って、その場で、実際に、私が要約をしてみせます。

この「その場で」「実際に」というところがミソです。けっして、教材文とその教材の要約文を並べた資料を配布して一方的に説明するようなことはしません。ビフォア・アフターよろしく、0がいきなり100になるような見せ方では、生徒の理解を助けられないからです。

実際に私が実演してみせるのは、要約する過程です。

文章のどこに着目したのか、それはなぜか、段落のどこに区切りをつけたのか、小見出しはどうつけたか、そこから見いだせたキーワードや周辺情報を使って、どう要約文をつくっていくのかを実際に見せていくわけですね。そのような意味では、包丁などの製品を実際に使いながら（魚などをさばきながら）、いかに切れ味が鋭いか（性能）を見せる、いわゆる実演販売に似ているかもしれません。

要約の仕方を学んだら、今度は実際に生徒にチャレンジしてもらうのですが、いきなりすべての段落を要約する対象にはしません。その時点で、心が折れてしまう生徒がいるからです。ですので、三段落程度にします。

全体で確認しながらうまくできたところは褒め、生徒同士でもよいところを指摘し合う活動を挟みながら進めていきます。まさに「やってみせ、言って聞かせ、させてみせ、ほめる戦法」です。

三段落程度の要約を行った後は、段落ごとのつながりを見ていきます。前の段落の補足になっていないか、反対のことを主張していないかなどを見つけて、形式段落にまとめていきます。

形式段落にまとめたあとは、小見出しをつけていきます。小見出しをつけた後は、その小見出しを意識しつつ、今度は文章全体を要約して授業は終了です。

こうした活動を積み重ねていくと、接続語に着目し出したり、頭のなかでまとめながら小見出しをつける生徒が現れるようになります。

時間と完成度

いい文章を書くためにはどんな条件が必要でしょうか。

語彙力？　読書量？　それとも書く時間？

確かに、時間をかければ文章のクオリティは高まるかもしれません。実際、書くことが好きな生徒であれば、プライベートの時間を惜しみなく使ってメキメキと上達していくことでしょう。

しかし、こと授業においては、この考え方を私は支持しません。将来にわたって使える能力としての「書く力」が身につかないと考えるからです。

（第1章の冒頭でも触れましたが）海外から建材を輸入して販売する民間企業に勤めていた6年の間にいろいろな失敗を経験してきましたが、その一つに納品ミスがあります。海外に発注したはずの建材がいっこうに届かず、取引先企業への納期に間に合わなくなってしまったのです。当然、相手企業には多大な迷惑をかけてしまいました。

たとえ、どれだけ優れた製品であっても、納期無視は許されません。決められた期間内で、できる限り最良の製品を用意し、取引相手が必要としている時期に遅滞なく納品する。それこそが重要であることを、私はそのとき、痛烈に学んだのです。

その後、中学校で教鞭をとるようになった私ですが、あるときふと、〝それって、授業も同じなのではないか〟と考えるようになりました。単元という決められた枠、本時という決められた時間内で、決められた課題を遂行し、ゴールにたどり着くこと。この繰り返しだからです。

ときにはじっくり考えることも大切だし、何かを制作する際にも相応の時間を設けることも必要です。しかし、無制限・無原則ではありません。

まして、中間・期末考査、入試といった場面では、まさに時間との戦いです。いくらすばらしい解答を思いつくことができたとしても、決められた時間を過ぎてしまえば、その解答は無効になってしまいます。

つまり、**授業では、学習内容の習得のみならず、決められた時間（期間）内で最良のパフォーマンスを発揮できる能力を培う必要がある**のです。サッカーなど、一定の時間枠でプレーするようなスポーツにおいても同様のことが言えるでしょう。

だからこそ、普段の授業こそが重要だと思うのです。一定の制約のもとで（時間や期限を意識しながら）学習する場、鍛錬する場だからです。このあたりは、中学校教育らしさの一つだと言えるように思います。

こうしたことから、私は授業中に終わらなかった課題を宿題にすることはしません。途中で終わってしまった生徒がいれば、「今度は、時間内に終わるようにしようね」と声をかけます。

もちろん、ただ声をかければ済むということではありません。そのために行っているのが、前述してきた次の三つだったわけです。

●始業ベルが鳴ったら、今日の授業では何のためにどんな学習を行うのかを最初に伝える。

●どの生徒も課題を終わらせられるような事前の準備を入念に行う。

●未知の学習を行う際には、これまで学習してきたことを使えるように、置き石をしながら学ぶ手がかりを残す。

本章の冒頭でも紹介した弔辞を書く授業でも、決められた時間内に書き切れなかった弔辞も、私は回収して評価してしまいます。

課題が終わらなかった生徒には評価後に返却します。書き加えたり直したりして再提出してくれれば受け取りますが、だからといって時間内に課題を完成させた生徒と同じ評価にはしません。ただ「完成した」という事実的な評価を与えるだけです。

はじめのうち、周囲の先生方から〝厳しすぎるのではないか〟という声があがったことがあります。また、生徒がせっかく書こうとしていた作品を未完成のまま評価することに異を唱える先生もいました。

しかし、いまも私は自分の考え方や方法を変えることはしていません。中学校で学ぶこと、身につけることを、社会に出てからも通用するものにすることを第一に考えているからです。それはすなわち、時間の制約から逆算して材料を選択し、期限・時間内で課題を終わらせる力にほかなりません。

そのための「入念な準備を怠らないこと」「時間や期限内でベストに近づけるパフォー

マンスを発揮すること」です。生徒にはこれらの点にこだわってほしいと考え、いまも鍛え続けています。

そんなふうにしていると不思議なもので、課題をこなすために必要な材料を集める生徒が増えていきました。ほかにも、綿密にプロットを立てる生徒、下書きに時間をかける生徒などもちらほらと。3年生になるころには、ほとんど全員がどの課題も期限内・時間制限内に、しかもその子自身考えられるだけの最良のものを提出できるようになっていきました。

英語の先生との教科横断型授業コラボ

中学校の教科書教材では、海外文学も扱います。『少年の日の思い出』や『故郷』が代表的な作品でしょう。作者が暮らした国や時代背景を考えながら内容にアプローチしていく、そうした授業が一般的かと思います。実際、私自身もそのように授業づくりを行ってきました。

それが、あるとき、〝アプローチの仕方には、ほかにもあるのではないか〟とふと思いつきました。作品や作者だけではなく、翻訳に目を向けてみるというアプローチです。

資料3　単元の指導計画

時間（教科）	主な学習活動
第１時（英語科）	○『the last leaf』を読み、グループで協力しながら翻訳する。
第２時（国語科）	○『最後の一葉』を読み、「人物」「展開」「表現」について気がついたことをワークシートにまとめる。 ○気がついたことを全体で共有する。
第３時（国語科）	○『賢者の贈り物』を読み、「人物」「展開」「表現」について気がついたことをワークシートにまとめる。 ○気がついたことを全体で共有する。
第４時（国語科）	○『二十年後』を読み、「人物」「展開」「表現」について気がついたことをワークシートにまとめる。 ○気がついたことを全体で共有する。
第５時（国語科）	○三編を比較し、共通点を見つける。 ○見つけた共通点からＯヘンリーの作品の魅力について考える。 ○共通点や魅力をまとめる。
第６・７時（英語科）	○『the last leaf』についての問題を解く。 ○国語科でまとめた内容を英語に直し、グループで発表し合う。

※国語科の第２～５時の間、英語科は別単元

〝これはおもしろそうだ〟と思った私は、さっそく英語科の先生に協力を仰ぎ、教科横断型授業の一環として取り組んでみることにしたのです（第1章のつづきです）。

さて、私たちが扱った教材は「Ｏヘンリー」の作品です。偶然にも英語科で扱っている教材でもありました。Ｏヘンリーは短編を得意とする作家なので、国語科の授業でも扱いやすいとも考えました。

この単元の指導計画は**資料3**のとおりです。

まず、英語科では３～４人でグループを編成します。生徒同士で協力しながら『最後の一葉（the last

leaf)』を翻訳していきます。他グループとの交流も行います。

次に国語科では、4時間をかけて次の3作品を扱います。

● 『最後の一葉』
● 『賢者の贈り物』
● 『二十年後』

いずれの作品も、3年生のときに比べ読みをする教材として、当時の勤務校ではもともとカリキュラムに入っていた教材でした。作品の相違点を見つけることで、作者の特徴や考え方に迫ることを目的として行っていた単元です。これに、翻訳者の考えに迫ることも目的に加えることにしたわけです。

英語科で翻訳した『最後の一葉』(the last leaf)を国語科でも扱い、生徒がグループ活動を通して行った翻訳、書店で市販されているプロの翻訳との比較を行います。すると、生徒たちは言葉の選び方の違いに気づきました。その一つが「I am」です。

生徒たちは、どのグループにおいても、「I am」を「私は」と訳していました。それに対して、プロのほうはというと、「あっしは」「俺は」などと登場人物の性格特性に応じて使い分けていました。また、日本人の感覚・感性にしっくりくるように意訳されている部分があることを発見した生徒もいました。

ほかにも、Oヘンリーの性格や作者としての癖があるのではないかと考えた生徒、個に寄り添いながら翻訳をすることが大切だとまとめた生徒などもいて、数多くの気づきが生まれました。こうした生徒の姿は、比べ読みを通して、作風や作者に迫る授業展開をしてきたことが生かされたと感じる瞬間でもありました。

最後は、英語科、Oヘンリーの未読作品を翻訳する授業を行いました。すると、最初の作品の翻訳よりも、どうやったら読み手に作品のよさが伝わるかといった視点から、一語へのこだわりが感じられる翻訳になっていました。

次は、国語と英語、それぞれの授業の最後に書いてもらった生徒の記述からの抜粋です。

〈国語科での記述〉

- 英文の訳した内容は同じはずなのに、自分の訳とプロの訳とでは言い回しがまったく違っていた。意味は同じでも、表現の仕方でこんなにも変わるのかと思った。
- 次に訳すときには、その文章をおもしろく読めるように意訳してみたい。
- ただ訳すのではなく、登場人物の心情や情景描写などを考えて、自分で想像することが大切だとわかった。

〈英語科での記述〉

●読み終わるときに、この物語の意味や作者が伝えたかったことが少しでも伝わるように考えながら訳しました。

●ただすべてを訳すのではなく、（前に比べて）訳さないでおくところを分類しながら、日本語にできたのではないかと思う。

●たくさん調べて、わかりやすい日本語になるように心がけました。

このように、授業を教科横断型にすることで、英語科における翻訳の質も、国語科における読みの質も、これまでにないような深まりを見せたのです。それにとどまらず、以後の授業でも、類語辞典を引く生徒が増えるなど、語彙力の向上にもつながっていきました。

＊

私たち教師が行ったことは、他教科で同じ教材を扱い、それぞれに行った実践をつき合わせてみただけです。それだけでも、このような豊かな学びが生まれるのです。実際にやってみた生徒たちはもちろんのこと、私たち教師も驚きを禁じえない取組となりました。

〝教科横断、恐るべし〟

今後は、英語科以外の教科等とも、いろいろなアプローチをしてみたいと思います。

たまに「跳べ！」とも促す

私は高次のハードルを十把一絡げで生徒に課すことはしません。しかし、たまに引っ張り上げることはあります。〝とにかく、跳べ〟と。

それは、どのようなときか。課題がさっさと終わってしまっているとき、粘り強くやっていないとき、本気になればできそうなことをやろうとしていないときなど、生徒が楽をしているときです。こんなとき、「もうちょっと跳べるんじゃない？」と声をかけて、その子ができそうな高さまでハードルを上げてしまいます。

これは、「できないことをできるようにする」ためのハードルではありません。「やるべきことをやるようにする」ためのハードルです。

かつて松下幸之助さんは、次のように言っていたそうです。

事が成るは逆境の時。
事が破る時は順境の時なり。

この言葉が言うところの「順境」に、生徒が甘んじてしまうことを問題にしているのですね。

生徒は、授業を通して大人になっても通用する力をつける、あるいは希望する進路を選択できるように学んでいくわけですが、スキルだけ身につけても活用することはできません。

〝ここまできたら、あとは何もしなくてもいいよね？〟ではなく、〝ここまで来れたのだから、もっとやれるはずだ〟〝今度は○○にチャレンジしてみよう〟ととらえ、実際の行動に移せる学習メンタルが必要なのです。このメンタルが育っていてはじめて、それまでに身につけた力を発揮できる、何かしら壁にぶつかっても、自分の力で打開していけるようになるのだと思います。

「カメとはこんなに差をつけたから、ちょっと寝てしまおう」そんな素振りを見せるウサギを見つけたら、ポンポンと肩を叩いて起こして言います。「じゃ、今度はこんな学習をしてみようか」と。そんな合いの手を私は重視しています。

生徒を放牧する

1　生徒が教師になる

生徒のモチベーションが上がらないと言われる単元があります。文法などの言語事項について学ぶ単元です。中学生には興味をもちにくい分野のようです。

そうはいっても、教師として教えるべきことはしっかり教えなければなりません。私にとっては好きな単元の一つなので、授業がはじまると説明が多くなりがちです。すると、おもしろくない講演を聞かされているときのように、生徒の瞼は重くなります。まさに、私の興味と生徒の意欲のミスマッチですね。

しかも、生徒を受け身にしてしまう一方通行の授業になりやすいので、私にとっては大きなジレンマです。

そんなときに思いついたのが放牧です。すでに学習内容を理解している生徒に教師役を任せて、理解がおぼつかない生徒のもとに行かせて教えるというスタイル（生徒による机間指導）です。

他人から認められて不快に思う人はまずいません。課題を終わらせた生徒を見つけて認めてあげれば、(見た目にはわかりにくくても)内心では喜んでいます。

授業に放牧を取り入れると、彼らの承認欲求をも満たしてくれます。なにせ、教師から教師役を任ぜられ、授業中なのにクラス中を自由に歩き回って困っている同級生の学習を助ける権利を与えられるわけですから。

さて、教師役の生徒たちが少し鼻高々になっているところで、次の二つのルールを課します。

①けっして答えは教えないこと。教師役は魚の取り方を教えるのであって、魚を与える役割は与えられていない。
②仲のよい友達だけではなく、困っている同級生に積極的に手を差し伸べること。

大人に聞くことが苦手だったり恥ずかしがったりしている生徒も、同級生に対してであれば気軽に聞くことができます。教師役の生徒は、自分が解けているという自負もあるから、困っている仲間を見つけると、〝自分の出番だ〟と言わんばかりに駆けつけるようになります。

ところが、しばらくすると、自分が任されたことが大役であることに、教師役の生徒は気づきはじめます。自分のやり方を伝えるだけでは、困っている生徒を助けられないことが多いからです。

理解がおぼつかない生徒は、自分が何につまずいているのかもわかっていないことが多いのです。ですから、まずは、相手が何に悩んでいるのかをつかむ必要があります。そのうえで、相手の理解の度合いに応じて、自分のやり方とは異なる方法を模索しなければなりません。

しかも、共に同じ生徒です。その気楽さからか、自分ではちゃんと教えたつもりでも、わからなければ遠慮なく「わからない」と言ってきます。つまり、困っている生徒よりも、理解している生徒のほうがより多くのことを考えなくてはならなくなるわけです。すると、教師役の生徒は、「自分が理解している」ということと、「他者に理解させる（教える）」ということは別物であることに気づくわけですね。

ここがミソです。**困っている生徒を助けるためには、自分がすでに獲得している知識を、相手に理解しやすい言葉に翻訳しながら**（言い換えながら）**わかりやすく説明する能力が求められる**わけです。第1章で詳述した「概念砕き」の応用版です。

理解力の高い生徒はインプットが早い。そうであるがゆえに、どのようなプロセスを経て自分が理解にたどりついたのかに対して割と無自覚です。それを自覚化できるようになる取組でもあるわけです。**「教師役の生徒は教えているようでいて、実は自分が学んでいる」**これが私の考える放牧の真のねらいです。

この放牧スタイルのメリットをまとめると、次の三つに集約できます。

- **生徒同士なので自分がわからないことを聞きやすい。**
- **自尊心が養われる。**
- **自分が理解（インプット）したことを理解できていない生徒に教える（アウトプットする）ことによって、自分自身の理解がより確かなものになる（再インプットする）。**

2 グループでの教師役

放牧の派生形として、グループで教師役になるという方法もあり、問題演習の際に生徒が活躍できる場となります。具体的には、大問一つを1グループ（4人編成）が担当して解説する形式です。ただ単に答えを言うのではなく、なぜその答えになったのか、そのプロセスを生徒に説明していきます。

これも、1で紹介した放牧と同じで、わからないことを聞きやすいというメリットがあります。加えて、1対1ではなく、他対他となることから、グループ内でいかに納得の得られる情報共有を行うか、さらに複数の生徒に向かってどのように説明するのかといった能力も鍛えることができます。

実際に説明してもらうにあたっては、ただ起立するだけでなく、教壇に立って行うようにし、黒板も使用できるようにします。すると、言葉で説明するだけでなく、図解をはじめるグループも出てきます。言葉による説明であれ図解であれ、それが功を奏することに気づくと、次々と真似をしはじめ、個々に説明力を高めていきます。

このように、普段とは違った環境下で、どうしたら相手に言いたいことが伝わるのかを考え、自分たちなりの試行錯誤を繰り返すことの有用性は計り知れないと考えています。

*

集団で学ぶ以上、個々の学力差をゼロにすることはできません。特に知識理解においてはその差が顕著に表れます。その学力差を逆用するのが、この放牧です。理解力が高い生徒を教師役にすることで手持無沙汰にさせず、困っている生徒は助けられ、さらに自分自身の学習の定着につながる、まさに一石三鳥ですね。

教師は生徒の活躍を応援するオーディエンス

教師という言葉を字面どおりに受け止めれば「教えの師」となるので、「教える」立場に身を置きがちです。実際、教える場面は数多くあるわけですから、〝それはまぁ、そうだよね〞という話です。ただ、常に授業改善を求められるこれからの中学校教育を考えると、それだけでは足りないとも思います。それを埋めるのが、次の発想です。

よいオーディエンス（観客）が、よいアクター（役者）を育てる

この両者のどちらが教師で、どちらが生徒なのかについては、どちらも当てはまると思います。つまり、オーディエンスを生徒とするならば、生徒の成長が教師を育てるという文脈になるでしょう。逆に、オーディエンスを教師とするならば、生徒の活躍を応援することを通して生徒が育つという文脈となると思います（サッカーになぞらえれば、教師はフィールドで戦う生徒を鼓舞するサポーターといったところでしょうか）。

私は後者の考え方に立つ教師です。教える立場でありながら「悩んだり行動を起こし

たりする生徒たちの姿を興味深く見続けていたい」教師なのです。

ときには、〝このままでは失敗するだろうな〟と予測できる場面であっても、わざわざ生徒のなかに割って入ってガミガミ言ったりしない。むしろ〝失敗したっていい〟とばかりに静観する。とだけ言うと、他人事のような感じる方もいるかもしれません。

そんな私も、〝失敗したままでいい〟と思っているわけではありません。〝たとえ失敗しても次の成功への糧にしてくれるはずだ〟と信じている。そうなってほしいと願っている。だから、日々成長していく生徒の姿を〝見てみたい〟と思うのです。

生徒からすれば、〝富塚先生は、自分たちをちっとも引っ張っていってくれない。ちょっと頼りないかも…〟くらいに見られるのでちょうどいい。〝だったら、自分たちでがんばらなくっちゃ〟などと思ってくれたら、それこそ最高です。

「教師は生徒とほどよい距離感をとりましょう」と言われます。ほかにも、「生徒とは友達になってはいけないよ」とか、あるいは逆に「フレンドリーにしたほうがいい」などとも言われます。このような教師と生徒との関係性のよしあしを語られることは多いし、その種の本もたくさんあります。

しかし、どれも私にはしっくりきません。なぜなら、こうした言説の背後には〝教師が仕向けないと生徒は動かない〟という考えを隠しもっているように感じるからです。

それでは、常に教師が主体で、生徒が客体となってしまいます。

他方、〝学校は生徒のために存在する場所である〟という言い方であればどうでしょう。おそらく、否定する方はいないと思います。しかし、〝いつ、いかなるときも、主役であるべきは生徒だ〟という考え方についてはどうでしょう。人前では「当然のことだ」と言われる方も、胸に手を当てても果たしてそう言い切れるでしょうか。〝生徒は未熟だから、教師である自分が引っ張っていかなければ…というか、むしろ引っ張っていきたい〟という欲求をもっているのも教師です。

〝だったら、教師は枠役に徹すればいいのでは？〟と思われる方もいるかもしれません。しかし、私はそれでも満足できません。観客席に座って彼らの活躍をのんびり見ていたい教師だからです。

ときには「どうしたんだ、ちっともパスがつながらないぞ」「しっかりやれ！」などと観客席からヤジを飛ばす観客です。〝できると信じているよ〟という期待を込めて、「自分たちで成長してみせろ」と鼓舞します。

主役が誰だろうが、どのような指導をしていようが、失敗するときは失敗します。（誰かを傷つけたり、悲しませたりするのでない限り）私はそれでいいと考えています。「できなかったら、いつかできるようになればいい。大人になるまでにできるようになればいい。そうなるために、どうすればいいと思う？」と働きかけ続けることこそ重要だと思うからです。

人は、成長する時期も速度も異なります。成長期である生徒であれば、その差はより顕著に現れます。

諸能力の発達は、体の発育と似たところがあります。朝礼の際にずっと列の先頭に立っていた子が、高校生になった途端に背が伸びて最後尾になるなんてザラです。先のことは誰にもわかりません。だからこそ、〝いつか、きっと、成長するはずだ〟と信じることが大切なのだと思います。

これまで語ってきたように、最終的に何をやるかのゴールは必ず提示します。しかし、より高次のレベルに到達できるように、技術的・能力的なハードルを設けるようなことはしません（〝ときには跳べ〟と課すことはありますが…）。義務教育段階として必要とされる一定水準までは達するように働きかけますが、そこから先は個人差、「人それぞれ」で十分。誰かとの比較を通して見えてくる「高い、低い」「早い、遅い」「うまい、下手」にはたいした意味はありません。**本当に重要なことは、昨日よりも今日、今日よりも明日、その子自身が成長の階段を一段一段上がっていくこと**です。

他者との比較に敏感な思春期真っただ中の彼らだからこそ、誰かと比較することの無意味さ、そして（他人から見ればカメの歩みであっても）着実に成長することの有意味さを知る。

そのための働きかけをすることが、中学校教師として大切だと私は考えています。

第4章
使える学力を育てる実践

本章では、古典や漢詩といった生徒が苦手意識をもちやすい学習内容をいかに親しみやすいものにするか、あるいは高いモチベーションのもとで使える学力を育めるビブリオバトルなどの実践などを紹介します。

掛詞は高級オヤジギャグ

「次の授業から和歌について学習するよ」と事前に伝えておくと、「それは楽しみだ」と生徒から声が上がります。しかし、いざ授業がはじまると、〝思っていたのと違う…〟といった表情を浮かべます。

和歌と聞いて生徒が思い浮かべるのは「百人一首かるた」。授業でかるた遊びができると思ってしまうようです。それに対して、授業は和歌そのものの理解を深める学習なので、生徒にとっては〝期待外れ〟なのでしょう。

加えて、和歌特有の表現技法（枕詞、掛詞、縁語など）の理解がおぼつかず、苦手意識をもちやすいことも、生徒の意欲を萎ませてしまう一因です。

こうした生徒の反応を見ていて、〝少しでも気軽に、身近に、生徒が当時の人たちの心に触れられる何かいい方法はないものか〟と考えてみました。そこで、着目したのが掛詞です。

いつの時代も、出世や恋愛は、人々の重大な関心事。ちょっとネットで検索するだけでも、「出世したいなら人の悪口を言わない」「好きな人を振り向かせる10のメソッド」といった情報が溢れていることからもわかるとおりです。

では、当時の貴族の人たちは、どのようにして出世を勝ち取り、恋愛を成就させていたのでしょう。それが和歌です。歌のなかにどれだけ気の利いた（相手の心に響く）言葉を入れて伝えられるかが、人生の命運を分けていたわけですね。

一口に「気の利いた言葉」といってもさまざまですが、当時の代表格が「洒落」です。たとえば「松」と「待つ」、「秋」と「飽き」などが代表格で、「このような洒落を盛り込むことで、多角的な読みと深みを歌に与えた」ことを理解することが学習課題の一つです。

しかし、このような言い方だと、堅苦しいですよね。

「洒落が効いている」だと、ウィットに富んだ巧みな表現という点で〝教養〟をイメージされる方が多いと思います。「お洒落する」であれば、自分を綺麗に着飾るわけですから〝センス〟をイメージされるでしょう。いずれも、ちょっと敷居が高そうです。

そこで、この敷居をグンと下げます。そう、若い人たちを辟易とさせるオヤジギャグです。洒落のイメージを〝お笑い〟に書き換えてしまうのです。

オヤジギャグというと、若いころは〝くだらない〟と冷ややかな視線を向ける行為です。それが30代くらいになってくると、〝あれっ、ちょっとおもしろいかも…〟と気になりはじめ、40代になると自分でも言ってみたくなる。

50歳を過ぎたころには〝気づいたら、自分でも口にしていた〟となり、さらに60代ともなると、〝自分の言葉で高笑い〟という極みに達します。オヤジギャグはそう、中高年男性のたしなみだと言っても過言ではないのです（異論は認めます…）。

それはさておき、オヤジギャグも同音異義語で構成する言葉遊びですから、オヤジギャグは掛詞の親戚だと言えそうです。気を利かせれば、オヤジギャグも掛詞になるということですね。生徒にはこんな他愛のない例を挙げて苦笑されています。

自分の動物っていいよね　しかし、奈良の鹿に如《し》かず

春はすばらしい花を咲かせたけど、もうかれ（枯れ／離れ）てしまったなぁ

「掛詞は高級なオヤジギャグだ」と思うだけでも、学習する敷居は下がるし、言葉遊びとしての要素に気づきやすくなります。技法についても説明はするのですが、こんな指導であれば掛詞を見つけることも容易になり、どんな言葉や意味が隠されているのかに

気づける生徒も増えていきます。

単元の最初のころは、「昔の作品を学ぶ必要なんてないんじゃない?」などと思っている生徒も、このようにして古典に慣れ親しむ機会を得られると、学習の見方が変わってくるのですから、おもしろいものです。

ラップを引き合いに出して学ぶ漢詩

日本人は古来より、漢詩や漢文から知恵や知識を得ることで発展してきました。また、漢詩、漢文を理解することが大人の教養ともされてきました。ただその分、生徒にとっては敷居が高く、苦手意識をもちやすい学習内容です。それをいかに身近に感じられるようにするかを紹介するのが、この実践です。

まずは、学習構成の概要から。

1年生では故事成語を漢文で学び、2年生では漢文を学びます。漢文を読むためのルール(訓読)を思い出しながら取り組んでいきます。

漢詩には、四句から成り立っている絶句、八句から成り立っている律詩など、句数による呼び方に違いがあります。また、文字数が五文字であれば五言、七文字であれば七言といった呼び方の違いもあります。

これらを組み合わせて五言絶句、七言絶句、五言律詩、七言律詩と呼称し、生徒はこの近体詩の4種類について学んでいきます。教科書に載っている漢詩を見比べ、文字数の違いや句数の違いに気づかせながら、それぞれの名前について学習していきます。

文字数に制限がある表現は、漢詩だけではありません。日本の俳句や短歌がそうですね。このように限られた文字数で表現するには、言葉を磨く必要があります。俳句を指導する際にも伝えていることなので、既習を想起させながら漢詩の有する一つ一つの言葉としっかり向き合う必要性について説明します。

さて、私の授業ではまず、音（中国語の発音）で漢詩に触れることから学習をスタートします。私は正確な発音ができないのでＣＤを活用します。

とりあげる漢詩は、孟浩然の『春暁』です。

春眠不覚暁
処処聞啼鳥
夜来風雨音

花落知多少

聞き慣れない発音なのと、ちょっとユーモラスに感じるからか、聞きはじめはクスクスと笑い声が漏れます。

2回目には、何か気づいたことはないかを出し合います。

3回目には、各句の最後の言葉に着目しながら聞かせます。すると、同じような音になっていることに気づく生徒がチラホラ現れます。

不正確ではありますが、それぞれ末尾2文字をカタカナにすると、こんな雰囲気です。

覚暁　チョォウェ・シェアオゥ
啼鳥　ティイィ・ニャアオゥ
雨音　ウゥゥ・シャアァォ
多少　ドォゥア・シャアオゥ

この段階で「音韻」について説明し、「この語尾の調子、音楽の何かと似ていない？」と生徒に振ってみます。

するとときおり、勘のよい生徒が気づいてくれることがあります。それは、ラップです。バックビートに乗せて、リズミカルに言葉を紡ぐラップの語尾の音の使い方と、漢詩の音韻が似ているのですね。

語尾は同じような響きの音で締めますが、すべてがすべて同じ音で終わらせることはしません。絞めるところは締め、流すところは流すなどと強弱をつけながらリズムに乗せていきます。

こんなところもよく似ています。特に、日本のラップでは、「子音は無視して母音を合わせる」「意味は違うが同じ音と揃える」といった特徴があり、よりわかりやすいかもしれません。

こうした洒落っ気のある試みは、ルールに則って漢詩の意味だけを読み解くだけでは気づけないことの一つです。音を入り口にすることで、漢詩への親しみやすさをもたせたうえで学習を深めていくことも一興だと私は思います。

そういえば最近、現代に転生した諸葛孔明が、漢詩ラップでオーディエンスを湧かせる漫画が、話題を呼んでいるようです。次は、そのなかの一節。

兵法三十六計がひとつ

無中生有《むちゅうしょうゆう》
it's party time!!

（原作：四葉夕ト、作画：小川亮『パリピ孔明』講談社、第2巻所収）

また、漢詩の授業では、ほかにも対句や内容についても説明しますが、現代に置き換えて、想像しやすい具体例を挙げながら漢詩に対するハードルを下げ、苦手意識をもたせないようにしながら学習を深めていく方法もあります。

ここでは、盛唐の詩人・李白の詩を例にします。

黄鶴楼《こうかくろう》にて孟浩然《もうこうねん》の広陵《こうりょう》に之《ゆ》くを送《おく》る

この詩は、古い友人が黄鶴楼に別れを告げ、船で長江を下っていく様子を表していて、美しいながらもどこか寂しげな雰囲気を感じさせますよね。この詩で私が着目しているのは、見送っている友人が向かう行先の距離です。

たとえば、次のように生徒に声をかけます。

「友人の目的地である揚州までは、日本に置き換えると東京からどれくらいの距離なんだろうね。当時は現代のような交通機関もないし、お互いにどんな思いだったのだろう」

このように現代に置き換えながら想像力を膨らませることで、その作品の持ち味を自分に引き寄せられるようにするわけです。

課題解決型の読書活動

中学校学習指導要領は、各学年の目標に「読書」を位置づけています。

〔第1学年〕言葉がもつ価値に気付くとともに、進んで読書をし、我が国の言語文化を大切にして、思いや考えを伝え合おうとする態度を養う。

〔第2学年〕言葉がもつ価値を認識するとともに、読書を生活に役立て、我が国の言語文化を大切にして、思いや考えを伝え合おうとする態度を養う。

〔第3学年〕言葉がもつ価値を認識するとともに、読書を通して自己を向上させ、我が国の言語文化に関わり、思いや考えを伝え合おうとする態度を養う。

これらの規定からも、学年を通して段階的に読書能力を高めようとしていることがうかがわれます。

また、「中学校学習指導要領解説　国語編」においても、次のように語られています。

読書は、国語科で育成を目指す資質・能力をより高める重要な活動の一つである。自ら進んで読書をし、読書を通して人生を豊かにしようとする態度を養うために、国語科の学習が読書活動に結び付くよう発達の段階に応じて系統的に指導することが求められる。

読書については、これまでも重視し続けてきた指導事項ですが、その重要性がより明確にされたということですね。

そこでここでは、「課題解決」に焦点を当てた読書活動を行う授業実践を紹介します。

課題解決型の授業を行うためには、これまで語ってきた「単元のゴールを設定すること」と「授業間をつなげること」が特に重要です。ゴールが不明確であれば学習が迷走し、授業が飛び石になってしまえば生徒の課題解決に向かわないからです。

教材は小説を扱います。小説には、人生をシミュレーションしたり共感力を高めたりする効果が期待できるので、読書への抵抗感を減らしやすいからです。小説のみならず自伝やエッセイ、新書といったさまざまなタイプの本と出合い、豊かな心を育成する一助となることも、教師の裏テーマとして設定します。

〈単元のゴール〉自分で課題を見つけ、解決することを通して主題に迫る。

読書を通じて新しい知識を得る、自分とは異なるものの見方・考え方に触れることの大切さは論を俟たないでしょう。しかし、ただ「読書は大切」「みなさんの役に立つ」と伝えるだけでは生徒の心に響きません。幼いころから活字を読むことに慣れている生徒でもない限り、読書は生徒にとって苦痛以外の何物でもないからです。

〝作者はきっとこんなことを伝えたいんだろうな〟と見通しをもって読む、〝作者はそう主張しているけど、自分は違うな（あるいは、同じだ）〟と自分の考え方と照らし合わせながら読むことができないと、作品に書いてあることの内容理解に追われて、肝心の作者のメッセージを受け取ることができないばかりか、読書そのものをちっとも楽しめません。

かつてドイツの哲学者・ショウペンハウアーは、こんなことを著書に記しています。

「読書とは他人にものを考えてもらうことである。1日を多読に費やす勤勉な人間はしだいに自分でものを考える力を失っていく」

（ショウペンハウアー著、斎藤忍随訳『読書について』岩波文庫、1960年）

この言葉は、読書そのものを否定しているわけではありません。「自分なりにしっかり考えながら読まないと、何も得られませんよ」と言っているものだと私は理解しています。こうした事柄から鑑みると、はじめて読書の授業を行う際には時間と労力が必要になることがわかります。そこで、まず何よりも、生徒が自分の読む作品に興味をもち、しっかり向き合えるようにすることからはじめます。

たとえば、次のような声かけです。

「この本を書いた作者は、世界的にも有名な人なんだよ」

「この本は、映画化されているし、海外でも翻訳されているよ」

このような本の有する権威性を入り口として作者の人柄をさらっと紹介してみる、先に「あとがき」を読ませてみる、その本の解説や書評を読ませて第三者がどのようにその本を読み解いたのかを紹介するといった案配です。

いずれも共通することは、「なぜ、この作者は世間から認められているの？」「なぜ、この本は海外でも翻訳されているんだろう」といったように、ちょっとした謎解き要素を提示する形で、生徒の興味・関心を喚起するという考え方です。

作品に興味が向かえば、作者のものの見方や考え方、他の作品なども気になりはじめるし、しっかり向き合うことができれば、ただ通読するだけでは気づけない作者の意図も見抜けるようになります。なによりも、作品に対する自分なりの世界観が形成されるでしょう。

この実践は、勤務校では「1冊読み」と呼んでいた単元です。およその授業展開は次のとおり。

〈3年生の実践：6時間構成〉

①夏休みに課題図書を読んで読書感想文を書き、9月に提出する。
②2学期の11月に読み方や付箋の付け方を説明する1時間目を設定し、その後に同じ図書を読み返す（家庭学習）。
③全員が読み終わった段階で2時間目を設定して課題解決型の授業をスタートさせる。
④人物相関図を作成（第3章で紹介）しながら読みを深めつつ、最終的に自分たちが疑問に思ったことを解消していく。

ここでは、どのような物語を課題図書にするにせよ共通する授業展開を紹介します。

【1時間目】

産まれたときから身の回りにスマートフォンがある日常を送ってきた生徒たちです。たとえば「電話のダイヤルを回す指が震える」といった文章を、生徒は理解（イメージ）できません。遠回りのようですが、後々の確かな理解のために欠かせないのが時代背景の理解です。

そこでまず、著者や発行年月日の確認を行い、著者の他の著作や、執筆時の時代背景を共有する時間をしっかり確保します。

次に、生徒が自ら課題を設定するための材料を準備させます。

青色の付箋と黄色の付箋を配り、青色の付箋には「印象に残ったところ」、黄色の付箋には「疑問に思ったところ」を書籍の該当頁につけて軽くメモも加えるようにします。

特に、疑問点については、書籍のページの余白に直接書き込むように伝えます。

はじめのうち、教科書への書き込みについては抵抗感を覚える生徒が多くいますが、慣れるにつれて抵抗なく書き加えていけるようになります。

実を言うと、「疑問に思ったところ」のみを見つけ出していくのでも、実践としては成立します。それをあえて「印象に残ったところ」にも付箋をつけるのには、別の理由があります。

それは、疑問点を追求していく過程で、「印象に残ったところ」が布石になって後から効いてくることです。つまり、「〇〇という疑問を解き明かすに当たっては、自分が印象に残ったこの□□を例示すればいいんだな」などとリンクしてくる（使える）わけですね。

さて、第1時は、個々に書籍を読みながら、メモ書きした付箋をつけていく活動ですが、1冊の書籍を50分で読み切ることは誰にもできないので、活動の途中で授業は終了です。

授業の最後には「全部読み終わったら、その本は10点満点中の何点だったか採点して、その理由も簡単に書いてもらうよ」と伝えておきます。

【2時間目～5時間目】

2時間目は、すべての生徒が読了したところで行います。そのため、1時間目の授業を終えてから3週間ほど経ったあたりになります。ただし、本の内容やページ数にもよるし、生徒の読書スピードにもよるので、状況に応じて柔軟に設定します（以前、全員が読了するまで1か月かかったこともあります）。

授業のチャイムが鳴ったら、次のように本時のゴールと目的を伝えます。

「今回はグループで課題を見つけて解決したことを発表する授業です。目的は読んだことをより深く知るためです」

次に、付箋をつけた個所を確認していきます。

最初は「印象に残ったところ」を聞いていきます。すると、割と多くの生徒が同じページの同じ個所に付箋をつけていることがわかります。仮に違うページであっても、付箋をつけた理由に共通点が見られることも少なくありません。

次は、「疑問に思ったところ」です。これは、本単元を通じて解決すべき「課題」に相当するため、丁寧に聞いていきます。

第1章でも述べましたが、課題解決には二つのハードルがあります。それは「解決すべき自分の課題を見つけること」と「見つけた課題を解決すること」です。このうち、後者よりも前者のほうがハードルが高いので、「課題」を「疑問」に言い換えているわけです。課題を見つけるハードルを下げることが目的です。

厳密には「課題」と「疑問」は異なりますが、数時間で構成する授業を課題解決にするのはなかなかむずかしいので、私は「個々に疑問に思ったことを解消する授業」を課題解決型授業だとみなしているわけです。

こうした方法であっても、生徒の学びを深めることができます。なかには、すぐに解けてしまう疑問もありますが、深く読み込まないと解けない疑問もあります。また、〝これなら簡単に解けそう〟と思っていた疑問が実は、本の全体像を掴めていないと解けないことに気づくこともあります。学習活動の最中、生徒から〝なるほど、そういうことだったのか〟といったつぶやきが聞かれれば、私はコッソリしたり顔です。

さて、「疑問に思ったところ」については、生徒全員に発表してもらう時間は取れません。そこで、3～4人のグループになってもらい、全体の場で発表できなかった疑問を出し合って内容を確認し合います。すると「確かに…」とか「私もソコ、よくわからなかった」といった声が上がります。

このグループ活動を通して解ける疑問はさっさと解いてしまい、さらに読み込まないと解けない疑問や、より深く探求していきたいと思える疑問をグループで整理してもらい、その後、全体で共有します。

全体共有の場で出された疑問と、各グループから出された疑問を板書しておき、それらの疑問のなかから、自分たちのグループが調べてみたい、解き明かしたいと思う疑問を一つ決めます。場合によっては、疑問を二つつなげて比較することも可能です。

その後、グループごとに読み深めていく活動に入るのですが、次の既習事項を手がかりにするように伝えます。

●人物相関図
●言葉や季節
●心情描写、行動描写、情景描写
●時代背景

〈『塩狩峠』を教材にしたときに生徒から提示された疑問（課題）例〉
●なぜ、ふじ子は最後にしか泣かなかったのか？
●信夫を本当に育てたのはだれか？
●信夫の心が変化したのはなぜか？
●貞行が信夫に与えた影響とは何か。
●三堀はなぜ必要な登場人物だったのか？　など。

これらの疑問（課題）を解くために再読していくわけです。

頃合いを見計らって、グループごとに呼び、私の前で簡単に説明してもらいます（教師をオーディエンスとする説明会です）。足りない部分があれば指摘し、ときには考えを深めるための材料を提供します（生徒の見方・考え方をよりいっそう働かせるのが目的。答えは絶対に言いません)。

説明会後は、再度考えを深めたりまとめたりしながら、〝自分たちのグループだけでは解決できなかったことは何か〟を共有していきます。発表の際には質疑応答を入れます。これまでとは違う角度から答えを見つけられたり、答えと答えがつながったりするからです。

[6時間目]

本単元の最後の授業では、(単元のゴールである)作品の主題に迫っていきます。個々やグループで前時までに行ってきた疑問(課題)の解答をもち寄り、作品を通して作者が最終的に伝えたいメッセージは何か、作品を貫くテーマは何かを言語化していくわけです。

また、解説やあとがきにも着目するように指示します。プロはどのような視点で作品から何を得たのか、作者本人の意図は何かに触れることで、作品の新たな一面に気づけることがあるからです。こうした気づきが、作者の他の作品への興味をいっそうかき立てます。

既習を生かすビブリオバトル

ビブリオバトルは、課題解決型の読書活動などを通して、1年生から培ってきた力を発揮するための、言わば集大成に当たる実践です。「ブックトーク～おすすめの本を紹介しよう」という単元に、「勝負（学年チャンプを決めるバトル）」という要素をもち込んでみたわけです。

実施時期は、2年生の3学期なのですが、生徒からは「またやってみたい」という声が上がったこともあって、（受験と重なる時期でもあるので、どうかなとも思ったのですが）3年生の3学期にも行うようになりました。

1年生のころから「きみたちは、2年生になったら自分が読んだ本でバトルするから、これからしっかり読みの力をつけていこうね」と伝えている生徒たちなので、割とすんなり行うことができています。なかには、〝自分の好きな本を紹介するチャンスだ〟とばかりに意欲を燃やす生徒も少なからずいます。

その一方で、これまでとは異なり、書籍リストのなかから生徒一人一人が選書するので、どんな本を読んでバトルに参加すればよいか悩む生徒もいます。そこで、学校司書にサポートを要請します。実際、生徒たちに「司書の先生に協力してもらえることになったから、本選びで悩んでいたら相談してみてね」と声をかけたところ、ほっとした表情をする生徒が何人もいました。

また、学校司書には授業で紹介する本のリストを渡しておき、図書室に展示コーナーをつくっておいてもらうのも手です。どのような学習活動でも言えることだと思いますが、〝さぁ、はじめるぞ〟という段になったら、すぐに取り掛かれるようにする環境整備が大切だからです。

〝授業で紹介された本はどこにあるんだろう〟などと、図書室中を探させるのは時間の無駄だし、うまく見つからなければそれだけで意欲が削がれてしまう生徒もいますから。兎にも角にも、学習活動と直接リンクしないところで生徒を悩ませない、戸惑わせない、時間を無駄に使わせない。

では、具体的に実践内容を紹介していきましょう。

〈単元のゴール〉本の魅力が伝わるように効果的な発表をしよう

［1時間目］知る

教師の口からルールを説明して活動に取りかかることは容易いのですが、はじめてビブリオバトルに挑戦する生徒の場合だと、「何を」「どのようにして」「どうなったら」よいのかまで理解できないし、意欲も高まりません。そこでまずは、〝ビブリオバトルって、何だかおもしろそう〟と思えるようなイメージ化を図ります。

具体的には、次の公式ルールを伝えた後に、「全国高等学校ビブリオバトル決勝大会」に進出した高校生たちのバトルの様子を動画で視聴してもらいます（誰がグランドチャンプになったのかは伏せます）。

〈ビブリオバトル公式ルール〉

- 発表参加者が読んで面白いと思った本を持って集まる。
- 順番に1人5分間で本を紹介する。
- それぞれの発表の後に、参加者全員でその発表に関するディスカッションを2～3分行う。
- すべての発表が終了した後に、「どの本が一番読みたくなったか？」を基準とした投票を参加者全員一票で行い、最多票を集めたものを『チャンプ本』とする。

視聴する際には、次の点に着目し、気づいたことがあればワークシートにメモするように伝えます。

〈出場者のバトルを通して見つけてほしいポイント〉

●話し出しには、どのような工夫があったか。
●話の構成には、どのような工夫があったか。
●ジェスチャーや態度、表情、声のトーンや大きさ、話すスピードや滑らかさ（ノンバーバル・コミュニケーション）は、どのようなものであったのか。

視聴する生徒はみな興味津々です。ときおり笑い声が教室に響いたり、真剣な眼差しを向けたり、自分が見つけたポイントをワークシートにメモしたりする姿を見ることができます。

視聴後は、「自分が審査員になったつもりで、どの出場者が素晴らしかったかを選んでみて」と促し、クラスで投票します。

今度はグランドチャンプが選ばれたシーンを視聴し、クラスの投票結果と比べて同じだったか違っていたか、どのような理由でグランドチャンプに選ばれたのかを考えます。

最後は、自分の発表に取り入れてみたい工夫点をワークシートに記入させて、1時間目は終了です。

[2時間目～4時間目] 準備

いよいよどんなふうに本を紹介するか考えを巡らせていきます。

脈略のある発表となるように、まずはプロットづくりです。

「これまでも、序論・本論・結論や、起承転結といった『構成』の大切さについて学んできたよね」と声をかけて既習を意識させます。また、いかにして序論（または起）で人の心をつかむか。これは、お笑いの〝つかみ〟のようなものだと伝えます。

本論（または承）は本の内容をわかりやすく伝えるパートです。本のどの箇所をどのように切り取って簡潔にまとめるか、これまで培ってきた要約力が問われます。

最後はバトルで勝利するためにどのような結論をもってくるか、いかに聞いている人たちに印象づけるか。

こうした点を考えながら、プロットを立てていくわけです。

ざっくり作成したら生徒同士で読み合い、わかりにくいところがあればお互いに指摘し、どうすればわかりやすくなるかを考えます。

クラスメートから指摘された箇所は赤ペンを入れ、自分がどう改善していったのかを後でわかるようにしておきます。

プロットを練り上げた後は、ノンバーバル・コミュニケーションについて考えていきます。にこやかに話すのか、深刻そうに話すのか、話すスピードはどれくらいか、身振り手振りを交えるかなどについて一つ一つ決めていきます。

【5時間目】発表

いよいよビブリオバトルの開始です。

バトルは公式ルールで行う場合もありますが、人数によっては一人につき3～4分に短縮することもあります。

さて、ここでは、生徒からの評価が高かった生徒バトラーの話しぶりを2例ほど紹介します。


〈バトル①〉
●水野敬也著『夢をかなえるゾウ3』（飛鳥新社、2014年）
「みなさんは、挑戦することに臆病になっていませんか？」という切り口からバトル開始。

まずは、ざっくりあらすじを紹介。

「なぜか、関西弁のインドの神さま・ガネーシャや、ネガティブだけどしっかり者の死神が登場する作品。人生をより豊かにするにはどのような行動をすればいいのか、ユーモラスな言葉や偉人の言葉を借りて明らかにされます。第3作ではブラック・ガネーシャという新キャラが登場。本家のガネーシャとの対決も見物です！」

その後も、本書で語られていることのなかから、実際に自分で実践してみたことを紹介しつつ、うまくいったことや、自分には合わなかったことを発表していました。

最後に、本との出会いの大切さを述べてバトル終了です。ただ読むだけではなく、自分でも本に書かれていたことを実践・実験してみたところが高評価につながりました。

〈バトル②〉

●湊かなえ著『高校入試』（角川書店、2016年）

まずは、こんな導入からバトル開始。

「『高校入試とは、何なのだろう！』みなさんは、どのようなイメージをもっていますか？ネガティブなイメージをもっている人もいるかもしれません。

ある掲示板に『高校入試をぶっこわす』という書き込みがありました。

高校入試を壊すとはどのようなことなのか。なぜ、壊さなければならないのか。高校入試を守ることはできるのか。

来年、私たちも入試です。そんな私たちだからこそ、どのような認識をもっておく必要があるのかが、この本には載っているのです！」

この生徒は、本文を引用しながら、わかりやすくあらすじを紹介していました。本当によく内容を読み込んでいて、自分なりに考えた主題が聴衆者の共感を呼んでいました。

次は、投票です。オーディエンスとの質疑応答の内容も含めて評価していきます。

各クラスの1位と2位を決め、決勝大会を開催します。

［決勝大会］

決勝大会の舞台は体育館、学年の生徒たち全員が審査員です。また、他の先生方や保護者にもオーディエンスとして参加してもらえると、よりいっそう場が盛り上がり、バトラーのやる気も増します。

次は学年チャンプに選ばれた生徒バトラーの様子です。

選んだ本は、西野亮廣著『革命のファンファーレ　現代のお金と広告』（幻冬舎、２０１７年）です。

学年チャンプに輝いた生徒は、上手に本文を引用しながら聴衆の心に響く投げかけを行うことで、自分の発表に引き込んでいきました。

むずかしい言葉もかみ砕き、等身大の自分の言葉で話をすることを心がけていて、同じ中学生である仲間に語りかけるような話しぶりです。さらに、目線やジェスチャー、表情といったノンバーバル・コミュニケーションが上手でした。

何よりも、「私は、その本のことが本当に大好きなんだ」というメッセージがストレートに伝わってくる発表でした。

このときの決勝大会進出者は、いずれも聴衆とのやりとりを意識した発表になっており、甲乙つけがたいバトルだったように思います。

＊

栄えある学年チャンプに輝いた生徒や、ビブリオバトルに高い関心を示す生徒には、地域主催のビブリオバトルへの参加を促します。

過去に見事優勝して誇らしげな顔で帰ってきた生徒の表情は、いまもときおり思い出します。

もてる力を最大限に高めるプレゼン

民間企業に勤めていたころ、苦手だったことの一つに、1対多数のプレゼンがありました。自社の商品の魅力をどのように説明すれば採用してもらえるか。取引相手のニーズや利害にかなうプレゼンにするにはどうすればいいかについて、いつも頭を悩ませていました。

（どのような職業に就くかにもよりますが）社会に出ると、人前で話をする機会が増えます。そこで、中学校教育においてもプレゼンを行う機会を数多く取り入れるようにしているわけです。

プレゼンを授業に取り入れるに当たって、これまで次のようなテーマを設定してきました。

- 新しい教科をつくる（第1章で紹介）
- 観光スポット紹介（校外学習や修学旅行と関連づける）
- 自分の中学校の魅力（小学6年生を仮想オーディエンスにするプレゼン）

●海外に紹介したい日本の魅力　など

ここでは、特定のテーマによらず、どのようにプレゼンに取り組むのかについて紹介します。

【1時間目】

授業の冒頭で、プレゼンテーションの目的について説明します。

〈プレゼンの目的〉自分の働きかけによって相手の意欲を喚起し、特定の行動を誘発すること

販売促進であれば「買ってみたい」、映画の観客動員であれば「観てみたい」、エクササイズであれば「やってみたい」、観光客誘致であれば「行ってみたい」と思わせることです。聞き手がそうなるように、どのような内容を、どのような話し方で行えばよいのか、それを知るためにどのような事前調査が必要なのかを考えていきます。

目的を確認した後は、どのようなプレゼンだったら効果的なのかを全体で意見を出し

合います。

ただし、何の手がかりもなく、想像に頼るだけでは、実効性のある意見は出てきません。

そこで、（ビブリオバトルのときと同じように）優れたプレゼンの様子を動画で視聴してもらい、内容の工夫点、話し方、構成などを確認したうえで意見を出し合うようにします。

たとえば、観光スポット紹介であれば観光学科のある大学や専門学校のプレゼン動画、海外に紹介したい日本の魅力であれば日本の観光局やＮＨＫ制作のプレゼン動画を視聴するようにしました。

加えて、過去に学んだ説明的文章の構成や工夫点についても想起できるように資料なども用意します。

その後は、設定された「テーマ」について自分の考えをまとめる時間とします。

授業の最後には、プレゼン後に投票を行うことを伝えて１時間目は終了です。


【2時間目】

本時は、「テーマ」に沿って資料を集めたり調べたり、自分の考えをまとめたりする時間です。

自分の考えをまとめるといっても、思考の最短距離を走れる生徒ばかりではありません。そこで、クラスメートに伝えてみたいことを思いつきレベルでひたすら書き出す「ブレーンストーミング」を取り入れます。そして、書き出した言葉のなかから、プレゼンに使えそうな言葉やキーとなりそうな言葉に丸をつけてつなぎ合わせます。

この段階での、生徒のまとめは次のとおりです。

●日本の食文化は魅力的だ。ラーメン、たこ焼き、そば、天ぷらなどがある。特に、寿司は旬の魚を使用していることが多いから、季節を味わうことができる。また、回転寿司では、リーズナブルな価格でラーメンや天ぷらを食べることもできる。

●マンガやアニメなどのサブカルチャー文化が魅力だ。お台場には実物大のガンダムがいるし、アニメの専門店まである。また、ジブリ美術館もあって、ナウシカやトトロの世界にも触れることができる。最近では、映画『君の名は。』の舞台となった飛騨地方が人気スポットとなっている。

【3時間目】

自分がプレゼンする方向性が決まり、具体の内容を考えるうえでどんな資料が必要かがある程度見えてきたところでグループ（2～3人）を組み、お互いのアイディアを紹介し合う時間を設けます。これは、どんな方向性でどんな具体例をもってくるか、工夫するポイントは何かを吟味し合うミーティングです。

さて、ここからが本時の肝です。

この段階では、生徒は「相手意識」の重要性に気づいていません。自分はどんな話をすればいいのかばかりにとらわれて、誰に向けて話をするのかが頭から抜け落ちているのですね。そこで、こんな声かけです。

「ところで、みんなは誰に向けて話をするの？　今回は『海外に紹介したい日本の魅力』がテーマだけど、プレゼンしたい相手は誰なのかな」

すると、生徒たちは一様に〝あれっ〟とした表情をします。〝クラスメートじゃないよね…〟と。

前時の段階で「相手意識」の重要性に気づかせてもいいのですが、より効果的に気づけるようにするために、いったん「相手意識が抜け落ちたまとめ」をさせておくわけですね。これもあえて失敗させる方法の一つです。

その様子を見取って、次のように促します。

「今回のテーマに即したプレゼン相手はどのような人物（年齢・国籍・立場）なのかも考えてみてね」

自分が実現したいことを「うん」と言わせるためには、その人が何を欲しがっているのかをつかんでいなければなりません。そのためには相手に寄り添う気持ちが必要です。その大切さに気づいてもらうわけです。

さて、「相手意識」の重要性に気づいた途端に、「自分のプレゼンの方向性は、本当にこれでいいのか」「集めるべき資料を間違えていないか」「言い回しはどう変えたらいいのだろう」と自分のこれまでの活動を再考しはじめます。これが、プレゼン内容の改善とプレゼン方法の吟味を促し、学習に深みを与えます。

【4時間目】

本時は、発表に向けた調整と発表練習です。

視覚に訴える資料を用意する生徒、聴覚に訴えかけるように外国語を一部用いる生徒、BGM音楽を用意する生徒などさまざまです。逆にツールを一切使わずに、自分の言葉だけで勝負に賭ける生徒もいます。

【5時間目】

プレゼンは、発表と質疑応答を一セットで行います。プレゼンを聞く生徒は自分が疑問に思ったことや感想などをメモします。自分本位の発表になっていないかを確認するためです。

以前、「自分の中学校の魅力」をテーマにしたときには、優勝したグループが、保護者の集まる学校説明会でもプレゼンを行いました。「観光スポット紹介」をテーマにしたときには、総合的な学習の時間とも連動させ、学習発表会の場で、全校生徒に向けてプレゼンする機会となりました。

いずれも、高いモチベーションで取り組む生徒が多い実践です。

第5章
中学校教育にまつわるアレコレ

最終章である本章は、いわばオマケみたいなもので、部活動や学級経営、研究協議会のもち方、働き方改革といった、授業づくりや生徒の学力とは直接関係のない話ばかりですが、私が常日ごろから〝これからの中学校教育において、本当に必要なことは何か〟と自問自答していることについて語りたいと思います。

教えない部活指導

私は、サッカー部の顧問を務めていますが、生徒への部活指導にはいろいろな考え方や方法があると思います。そのなかで、私が重視しているのは、個人のプレースキルであれ、チームプレー上の戦術であれ、「生徒が自分で考えて解決できるようにすること」です。「顧問が教えない指導」が私の信条です。

生徒が自分たちで本気になって考え、失敗を繰り返しながら技術的にも人間的にも成長することを重視しているからです。そのため、顧問としてその場にはいますが、「とにかく、まずは自分たちでやってみて」と言い、生徒自身に運営させています。

人間的に成長するためには、「自分の役割は何かを知っていること」、そしてその役割を果たすために必要な「責任感をもっていること」が必要です。この役割や責任感は、指導者が一方的に与えられるものではありません。自分のなかで自発的に芽生えてこそ、確かなものとなるからです。部活動においては、この点を特に意識しています。

そこで、練習メニューの作成、試合のオーダー、交代のタイミングなどについても生徒たちに考えさせています。

なぜ、このような指導観になったのか。

サッカー部顧問になったときのことです。学生時代、私自身もフィールドプレーヤーでしたが、改めてサッカーとはどのようなスポーツなのかについて考えてみました。その一つの気づきが、（ファールやハーフタイム、選手交代によってゲームが一時中断することはあっても）試合中に顧問がタイムをかけてプレーを止めることはできないということです。

ということはつまり、フィールドにいる生徒は刻一刻と変わる戦況下で瞬時に次のプレーを選択・判断しながら行動しなければならないということです。そのつど顧問の指示を仰ごうとベンチに目をやっていれば、ワンプレーごとに遅滞します。そんな調子で、試合に勝てるわけがありません。

「私の言うことだけしている限り、私以上のことはできないし、自分不在になってしまう。だから、自分で考えてね」

「この部活は、きみたちのものだ。本気で勝ちたいと思うのであれば自分たちで考えてプレーしてね」

これが私の口癖です。

また、時期によっては、顧問が部活動に参加できないこともあるから、日々の練習をつぶさに見ていない顧問が、試合のオーダーだけ決めるというのは、何ともおかしな話だとも思います。

さて、ここまで生徒の自主性に委ねる必然性について語ってきましたが、「とにかく好き勝手にやれ」と言わんばかりに放任するわけではありません。ときには必要な合いの手もあります。

それは、生徒が行き詰っている場面、放っておくと怪我につながるような場面に遭遇したときです。フィールドの内側では気づきにくいことも、外側からはよく見えることがあります。

たとえば、戦術面での行き詰りであれば、キャプテンを呼んで、「外から見ていると、中盤の選手がパスの出しどころを迷っているように見えるよ」などと声をかけます。

このとき、「中盤がボールをもったら、両サイドバックの上がりをもう少し早くしてはどうかな」などと答えに類することはけっして言いません。あくまでも外側から見えたことを感想として口にするだけです。

そのあとで、「どうすればいいと思う？」を水を向けます。

実は、これが非常に効果的です。キャプテンは中盤の選手に直接話を聞いたり、みんなを集めて、自分たちがいまどういう状況にあるのかを説明したうえで、どうすれば中盤が迷わずにボールを前線に送れるかについて選手同士で対話しはじめるからです。

指導者のなかには、「今日のスターティングメンバーはこの11人、フォーメーションは4―3―3、ゲームの序盤は引き気味で」などと事前に指示を出す方もいます。こうした指導そのものを否定するつもりはありません。

しかし、私は顧問ではあっても、監督ではありません。もし私がメンバーも選ぶ、戦術も選ぶことをしていたら、練習中も試合中も、常に私の視線ばかり気にするようになるでしょう。すると、私の前にいるときだけがんばるといった生徒が必ず出てきます。

それよりも、生徒同士がお互いの視線を気にし合うほうが、練習も試合も緊張感をもって臨むことができます。それに、生徒たちのミーティングで「試合に勝つためには、やっぱりAくんの力が必要だよね」と選ばれるほうが、選ばれた生徒もうれしいだろうし、あれこれ言わなくても自発的な責任感も芽生えるでしょう。

ですから、生徒には日ごろから「選手選考はお互いに見て、お互いが納得する選手を選んでね」と伝えます。

3年生が受験対応で抜けて代替わりした直後だと、生徒は当初、プレーが上手なメンバーから順に選びます。勝ちたい思いが先立つので当然です。このときは、顧問である私の出番です。次のように、生徒に確認します。

「このメンバーで本当にいい？　控えに回ったチームメートも納得してくれると思う？」

すると、生徒はハッとした表情をしたり、ちょっとうつむいたり、複雑な表情をしたりします。胸に手を当てれば、〝このメンバーであれば強いのは確かなのだけど…〟と、何かしら心に引っかかっていることが頭に浮かぶからだと思います。

〝Aくんは確かにうまいけど、練習をよくさぼるんだよなぁ〟

〝Bくんは、けっしてうまくはないけど、すごく練習をがんばるし…〟

〝Cくんは、シュートは下手だけど、周囲の選手を生かすようなパスを出せるんだよな〟

こんな生徒の心の声が聞こえくるようです。

私は、そんな生徒の表情や返答を引き取って、「だったら、もうちょっと考えてみたら？」と促すだけです。すると、再び彼らの対話がはじまります。最終的には、ほとんどの生徒が納得できるメンバー構成となります。

このようなコーチングが功を奏するには、事前の準備が二つ必要です。

一つ目は、選手選考基準を生徒たちに考えさせて提出させることです。これは、「まずは試合に出る」というゴールを全員で共有するためです。部長や副部長だけではなく、全員で決めます。

プレー技術だけではありません。学校生活や練習態度、チームメートへの接し方も含めた基準となるように促します。このように選考基準が明確であるから、「本当にそのメンバーでいいの?」という問いかけが効いてくるわけです。

具体的には、「どういう選手が試合に出たら、きみたちは納得する?」と問いかけ、生徒から出された次のような意見をどんどん書き出していきます。

- 普段の学校生活を大切にする人
- 部活動に対して真剣な人
- コミュニケーションをしっかりとれる人

その後、「全部やるとたいへんだから、似たような内容はくっつけたりして何個かにまとめて題名をつけてみようか」と促します。

こうした対話を通して、たとえば次のような三つの選考基準に集約していくわけです。

①人間性
②技術
③賢さ

二つ目は、3年生の夏の大会のときにどのような結果を残したいのか、目標を決めさせます。簡単に言うと、〝自分たちがどうなっていたら、納得して引退できるか〟を生徒に考えさせるわけです。

生徒からは、たとえば「都大会のベスト32まではいきたい（その後は、たとえ負けたとしても納得できる）」という意見が出ます。こうした意見を受けて、「じゃあ、今回の大会では何位以内でないといけないね」「何位だと優位に立てるね」などとイメージをクリアにしながら、目標を実現するためにどんな練習が必要か、どのように学校生活を送ればいいかを考え共有していきます。つまり、生徒の立てた目標を選考基準に近づけながら、普段の学校生活にリンクさせるわけです（資料参照）。

中学生といえども、れっきとしたフットボーラーです。他校と試合をする以上、目的は勝つことです。最後まで勝ち進めば優勝です。しかし、優勝できるのは1チームだけです。それ以外のチームは、必ずどこかで負けるのです。だから私は、目的のほかに自

資料

チームの目標

選手選考基準

人間性	チャレンジ…苦手なことにも挑戦 メンタル…粘り強さ、あきらめない コミュニケーション…あいさつ、認め合い 学校生活…授業態度、生活態度 準備、片づけ…用具の整理 練習態度…やるときはやる
技　術	止める…置きたいところにボールを置く 蹴る…蹴りたいところに蹴る、球種 運ぶ…意図のあるボール運び みる…いつ、なにを、どのようにみるか 特徴…自分の特徴をどのように出すか
賢　さ	チーム戦術…チームとしての約束事の理解 グループ戦術…少人数での戦術理解 個人戦術…個人としての戦術理解 判断力…自分が何をするべきかを判断して表現

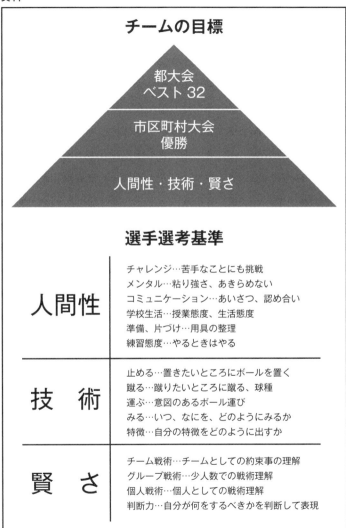

分たちの目標を立てさせ、その目標を目指すことで試合に負けたときにも何かが残るようにしたいのです。

こうした私のやり方や考え方も、すべての生徒が快く思うわけではありません。不満を抱く生徒も一定数います。「もっと教えてほしい」というのが彼らの言い分です。生徒だけではありません。保護者からも「先生には技術的な指導をしてほしい」と要望を受けることもあります。

私は、区のサッカーの専門委員長をやっていて、支部選抜のお手伝いをしている関係上、練習方法などを見ていることから「もう少し入ってほしい」というわけです。このような保護者には、次のように答えています。

「入ってもいいですが、そうすると、生徒たちは自分たちで考えることをやめてしまうでしょう。さらにもし、部員がみな私の色に染まってしまえば、私が学校を異動した途端に彼らは試合に勝てなくなります。部活動は学校教育の一環です。生徒が本気で考え、自分たちで部を運営するほうが、彼らの成長に寄与するのではないでしょうか」

＊

少しだけ、自慢してもいいですか？

こんな指導法ですが、（No.1には手が届かないものの）都大会出場の常連校です。

失敗を糧にして成長につなげる学級経営

学級経営についても、基本的には部活動のときと同じです。「担任である私がいなくても、自分たちで何とかしてね」です。目標を共有しながら自分たちで運営していくスタンスです。特に、2年生以降はそうです。

私はクラスを組織とみなしているのですね。学級委員がいて、各班に班長がいます。私は、学級委員と情報共有し、「あとは、よろしく」と伝えるだけです。生徒一人一人が自分の役割を理解してさえいれば（理解するための指導はするわけですが）、学級委員が班長に指示する、班長が班員に指示するという指示系統が機能します。

といっても、「班員よりも班長が上」「班長よりも学級委員が上」といった縦のヒエラルキーを形成するわけではありません。一方が他方を指示する以上、一定の権限関係はありますが、「学級委員は担任教師との情報共有の窓口」「班長は学級委員との情報共有の窓口」といった感じです。そんなふうにしていると、「何かあったら自分たちで何とかしなくちゃ」という機運がクラスに生まれます。

行事の際は特にそうです。部活動と同じように、「いい結果を残す」ことを目的としつつも、いい結果が出なかったときに、生徒のなかに何が残るかを重視しているわけです。でも、割といい結果が出ます。毎回ではありませんが、合唱コンクールで優勝することもしばしば。

試合にせよ合唱にせよ何にせよ、やるのは生徒たちです。彼らが前向きになる、何を目指すのかを自分たちで考え悩み共有する、目標に向かって鍛錬を積む、それらを楽しいと思える、そうであるからこそいい結果につながるのです。

初任のころ、合唱コンの練習のたびに生徒を叱ってばかりいる先生に出会ったことがあります。私には、不思議でなりませんでした。そんな指導で仮に優勝できたとして、生徒に何が残るのだろう…と。表面的には喜んでいるふうを装って、本心では〝あぁ、やっと終わった…〟くらいのものなのではないか…。

合唱コンで歌うのは生徒です。教師ではありません。その肝心の生徒が歌いたくないのであれば歌わなければいいとさえ思います。私自身、人前で歌うことが好きではありません。生徒の恥ずかしいと思う気持ちはすごくわかります。まして、「しっかり声を出せ」などと責め立てられれば、余計に歌を歌うのが嫌になるだけです。

それに、最初は歌おうとしない生徒も、周囲の生徒のがんばりや真剣さを目の当たりにしているうちに、次第に歌おうとするようになります。要するに、生徒によってエンジンがかかる時期が異なるだけの話なのです。

かく言う私もまったく指導しないわけではありません。一所懸命に歌おうとしている生徒の足を引っ張る（たとえば、からかう）ような素振りなどが見られれば、「そんなことをしていて、何かいいことがあるの？」と表情一つ変えずに淡々と叱ります。

ところで、1年生に対しては入り方が少し違います。まだ中学生ではないからです。なかには、小学生時代を引きずっている生徒もいます。全体として、1年生は失敗する割合が高いと感じます。なかには、そつなくこなせる生徒もいますが、ほんの一部です。中学生になった途端に、定期考査、教科担任制、部活動など、新しいことに挑戦することがグンと増えるわけですから、当然です。

そこで、生徒には繰り返し（口を酸っぱくして）次のように話をしています。

「新しいチャレンジには失敗はつきもの。大事なことは、その失敗をリカバリーできたり、同じ失敗を繰り返さないように予防できたりすることです。そのためには、自分のことを知らなくてはいけないし、クラスのことも知らなくてはならないし、見通しをもって行動できるようになることが大切だよ」

とはいえ、1年生であっても、まったく任せないわけではありません。任せる割合が異なるだけです。数値にすると、1年生には任せる割合が4割、残りの6割は手を入れます。２年生からは６割は任せ、３年生になったら８割任せます。

ここまで学級経営は部活動指導と基本は同じと語ってきましたが、異なることもあります。それは生徒の意欲に大きな隔たりがあることです。

部活動であれば、どの部であっても、基本的に「自分がやってみたい」から入りますよね。団体スポーツであれば、レギュラーになりたいし、試合でも勝ちたい。目的が明確だから、教師の指導も入りやすい。

しかし、そうした前提条件が、学級で取り組む行事などには当てはまりません。「この学級でやっていきたいから入ってきた」わけではないからです。学校側の都合で割り振られた集団なので、仲のいい子もいれば仲の悪い子もいる。そのため、部活動では起きないような問題が生じることもあります。任せることに違いはないのだけど、任せ方は部活動のときとは変える必要があるということです。

この任せ方を間違えると、困った感を出してくる子が現れます。たとえば、こんな困った感です。

●Ａくんがどうしてもやる気になってくれない。
●ＢさんとＣさんが顔を合わせようとしない。

●Dくんがふざけるたびに練習が中断してしまう　などなど。

そこで、私が綿密に行っているのが、担任する生徒の情報収集です。学級委員との定期ミーティングや班長会などでは、必要な情報共有をした後、「今日は何かあった？」と必ず聞きます。すると、何かあれば「こういうことがあった」とポロポロ出てきます。「じゃあ、どうすればいいと思う？」と水を向けて解決方法を考えさせる（任せる）ことで、たいていのトラブルは未然に防ぐことができます。

なかには、うまくいかないこともあります。そのトラブルの原因が、たとえば学級委員と班長間の情報共有不足にあるような場合であれば、次のような話をします。

「情報が上がらなかったことはおかしいし、運営上、学級委員も全体を見ながら自分からも情報を集めるんだよ」

中学校は教科担任制です。担任する学級はあっても、授業にいたってはいろいろな教室を渡り歩きます。それに対して、（習熟度別学習をするのでない限り）生徒は一つ所にずっと一緒にいます。小学校とは異なり、生徒の情報は、担任よりもクラスメートのほうが圧倒的にもっています。つまり、生徒のほうが目が肥えているわけですね。そもそもクラスメートの変化には（個人差はありますが）みな敏感ですから、聞く相手を間違えなければ、正確な情報をたくさん集めることができます。

このような情報収集をより確実にするために、私は日ごろから「お互いがお互いに関心をもつようにしてね」と伝えています。といっても、もちろん、お互いに監視し合う意識を植えつけるためではありません。前述のように「担任である私がいなくても、自分たちで何とかしてね」という働きかけと抱き合わせです。

〝何かあれば、自分たちが何とかしなくちゃ〟という意識さえ芽生えていれば、実際に解決できるかどうかは別として、お互いに気にかけ合う関係性が生まれ、視野が広がります。

お気づきの方もいるかと思いますが、生徒への私の声かけは、「～しよう」ではなく、「～してね」です。これは、〝きみたちならできるよね〟という思いを込めた声かけです。あえて言葉にすることはしませんが、生徒を指導するにあたっては、生徒を信じることを前提条件にしているからです。

〝中学生は未熟、しかも思春期でいろいろ問題を起こすもの。失敗だってたくさんする〟中学校教師であれば、多くの方がそう思っていると思います。実際、それが真実だし、私もそう思っています。でも、〝だ、か、ら、生徒には任せられない。自分がしっかり指導しなければ！〟と考えるならば、話は変わってきます。

このような言説に触れるたびに次の疑問が湧いてきます。

「大人になって成熟すれば、何一つ失敗しなくなるんですか？」と。

実際、そんなわけはないですよね。私自身、失敗の連続です。いくら中学生のときよりも成熟していても、失敗するときは失敗します。というか、生きている限り、何かしら失敗します。そう考えれば、失敗経験はけっして悪いことではないと思います。行事でも部活でも授業でもみんな同じ。だから、失敗することは悪ではない。私はずっとそう思っています。むしろ、失敗から学ぼうとするときこそ、生徒の真剣さが増します。

生徒が未熟であることも、いろいろな問題を起こしたり、失敗したりすることも織り込み済み。そのうえで、失敗を糧にして成長につなげられる手立てをどう打つか。それを考えるためにも、生徒を信じて見守ることが必要だと思うのです。そうとらえれば、「任せる」ことは、手放しの信頼でも放置・放任でもないことをご理解いただけるのではないでしょうか。

研究授業と協議会のもち方について考えてみる

結論から言えば、平素の授業こそ研究に値するというのが私の考えです。いろいろなイレギュラーがあるから、そのたびに自分自身の力を試されるし、年に何回行えるかわからない研究授業とは異なり、毎日のことなので鍛えられる確度が高い。

そのような意味で、（教材研究も含め）研究授業を通して学んだ気づきを平素の授業に還元するというよりも、日常的に積み上げてきた研究成果を発表する場だととらえるほうが、私にはしっくりくるのですね。日常こそ学びです。

以前、知り合いの編集者がこんなことを言っていました。

授業を取材させていただく日時を授業者と検討する際、決まってお願いすることがあります。それは、「いつもの授業を見せてください」というお願いです。

最初からそう伝えておかないと、「何月何日に研究発表がありますから、その日はどうですか？」という話になりがちです。せっかく提案いただいているのに、「いえいえ、その日ではなく…」などと否定的なことを言いたくないので、そうしているのです。

授業を見終わったら、可能な限り授業者とディスカッションする時間をいただいて、自分が感じ考えたことを率直に伝えたり、疑問に思ったことを尋ねています。その際に決まって行う質問があります。それは、「前時はどのような活動をしたのですか？」「次時はどのような活動を考えていますか？」です。

私の興味・関心は、前時の活動とのつながり、次時の学習へのつながりのほうに向くのですね。そんな私にとって本時は、前後のつながりについて授業者とディスカッションするための材料のようなイメージなんです。

これが、研究授業だとそうはいきません。前後のつながりについて語り合いようがないからです。

確かにそのとおりで、研究授業が5時間中の4時間目だったとしても、授業が完結してしまうので、5時間目へのつながりがありません。単元をつなげるという点から言えば、4時間目は一話完結型のスピンオフ・ドラマのような位置づけになってしまうわけです。サスペンス・ドラマなのだけど、本編のストーリー上とのつながりはない「浜辺でバカンスを楽しむ1話」みたいなものです。

こうした研究授業のもち方そのものを否定するつもりはないのですが、その授業が平素の授業とは隔たりがあるのであれば、やる意味をあまり感じられなくなってしまいます。だからこそ、平素の授業で積み上げてきた研究成果を発表する場にしてしまったほうがよいと思うのです。そうであれば、一話完結ではあっても、協議会などの場で平素の授業との関係性をきちんと説明できると思います。

それと研究協議会のもち方についてもいろいろと思うところがあります。

まず、〝授業者の「自評」は本当に必要か〟です。自分の授業を自分なりに自省してみることは大切だと思いますが、みなさんの前で公表するとなると、たいていは反省の弁に終始します。それが授業者の授業改善につながるのか、参観者の役に立つのかと考えると疑問を覚えます。

むしろ、授業を参観した先生方の発見や気づきを対話し合う場にしたほうが、授業者はもとより参観した先生方のためにもなると思います。いわゆる一往復で終わるような質疑応答ではなく対話の場です。

参加人数が多いのであれば、周囲の先生方4人くらいで即席のグループをつくり、たとえば「今日の授業をご自身が行うとしたらどうしますか？」といったテーマのもとで対話し、全体の場で発言してもらうという方法もあると思います。

さらに言うならば、後日読み返してもらえそうにないなら指導案の配布もなくてよいのではないでしょうか。指導案の内容と研究授業を突き合せたところで、授業が指導案どおりの流れになっているかをチェックするくらいのことしかできません。

そのような授業の見方では、参観者の目には授業者の姿しか映らず、学ぶ生徒の姿に気づけないでしょう。それに、これからどんな授業がどんな展開で進んでいくのかを知らないほうが、ワクワク感をもって参観できるのではないでしょうか。

教師の意識を変えるコーチング

私の専門教科は国語ではあるのですが、他教科の授業も参観するようにしています。教科ごとの専門性はもちろんありますが、どの教科でも通底する授業の考え方や指導方法があるだろうし、他方、他教科の先生と教科を横断するようなコラボができないものかと常々考えているからです。これは、いわば私にとってＲＰＧゲームの探索のようなもので、楽しみの一つです。

授業参観後、授業者のなかには若輩者である私に感想を聞いてくださる方もいます。おこがましいのですが、そのときに私が気づいたことを率直に伝えるようにしています。なかには、私の話をヒントにして授業を改善しようと試みてくださった先生もいます。

たとえば体育の授業です。授業者が生徒に対して話をしていた場面を話題にしました。生徒が少し騒がしく落ち着かない状況だったからです。

そこで、「そもそも授業は誰のために行っていること?」と尋ねたところ、「生徒です」という返答だったので、「だったら、生徒が教師の話を聞けるようにならないとね。そのためには、どうすればいいと思う？」と質問を繰り返しながら（こちらが答えを言うのではなく、相手が自分なりの答えを見いだせるように）課題を焦点化していきました。

するとその授業者は、「じゃあ、今度は全員が顔を上げたら話をするようにしてみます」と言い、実際に取り組んでいました。その後、完璧とまではいかないまでも、かなり改善したようです。

授業であれば、自分が具体的なモデルを見せる（実演する）こともありますが、相手が教師であっても生徒であっても、相手を信じて寄り添いながら（質問しながら相手自身に考えさせる）コーチングが有効だと思います。

実際、私自身にできることには限りがあるし、正しいとも限りません。そうであれば質問を通して相手の意識下にあるものを顕在化させ、相手自身が自分で考えたことを行動に移したほうがよりよくなる確度は上がるはずです。それに、ただ答えを教えられるよりもずっと価値があるように思います。

教科の仲間で授業を見合う、他教科の仲間と授業をつくる

勤務校での国語科同士はとても協力的です。学年を越えて助け合ったり、模範として

授業をしに行ったりもします。私自身、暗中模索だった単元を得意とする先生に、1クラスやって見せてもらったり、どのように指導するかを相談したりもしています。そのような意味で、国語科同士お互いに壁がなく協働していると思います。

とはいえ、お互いにこだわりはあります。そのため、深いところまで指導案を見合うことまではしません。しかし、そういうことをしてみてもいいんじゃないかと、最近は思うようになりました。

お互いの授業を見合う、模範とする授業を行ってもらう（自分が行うこともある）、どのようにしてその単元、1時間の授業をつくっていったのか授業者の意図を知る、語り合う、こんなやりとりが日常化すると、同僚性が高まることはもちろんですが、教師としての成長を促してくれるし、その分だけ授業の質が向上するように思うからです。

さらに、（第3章で紹介した）Oヘンリーの作品を教材とする英語科との教科横断型授業コラボに取り組んだ際には、同じ専門教科の先生との連携とは違う手ごたえを感じました。実際、英語科の先生も、とても喜んでいました。きっと、ゴールが明確で、そのために一つ一つの授業があるということを肌で感じてくれたからだと思います。

英語科の先生に自分の構想を最初に切り出したときには、「失敗させていいです」という私の言葉に戸惑っていたようですが、「学習後にはよくなっているはずです」という説明を信じてくれました。お互い専門とする教科での指導事項を考慮しながら、教科の垣根を越えて協力し合えるような授業をつくる可能性を感じています。

授業改善が叫ばれる今日ですが、何もむずかしいことを無理してやろうとする必要はないと思います。むしろ、ちょっとした思いつきを発想次第で無理なく楽しくやってみるだけでも、おもしろい授業は十分つくれると思います。

定時で帰る―これからの働き方

あるとき、副校長に呼ばれまして、「みんなに早く帰るようにするためのプランを考えてほしい」と言われたことがあります。私と学年主任ともう一人が早く帰っていたから、「3人で対策を考えるように」という校長からの指示だったようです。

実際、部活動がない日や行事で忙しくない日は、退勤時間が来たらさっさと家に帰ります。定時退勤の割合は9割ほど。定時で帰るために有休を使うこともあります。

なぜ、そんなふうにできているのか。実は、理由は簡単です。周囲の人たちが大切だと考えていることであっても、自分にとって必要がないと思う仕事はやらないからです（減らすのではなく、そもそもやらない）。その分、早く帰れているわけです。

例を挙げると次のとおりです。

〈宿題の細かなチェック〉

宿題を出す目的は、生徒が教師の指示どおりに行動（宿題をこなして提出）できるかを試すものではありません。生徒が自らの学力向上のために「できなかったことが、できるようになるために復習する」「新しく覚えたことを忘れないように再確認する」「自分に足りていないことは何かを知り、次の学習に備える」ことです。つまり、生徒自身がそうとらえて宿題に臨んでくれてさえいればいいので、時間を割いて事細かくチェックするようなことはしません。

〈教室清掃〉

私のクラスではあまり熱心に教室清掃をしません。と書くと不衛生に感じるかと思いますが、汚くなければ清掃する必要はないですよね。つまり、「汚れがひどいから掃除をする」ではなく、「そもそも汚れないようにする」を徹底しているのです。

消しゴムを使ったらカスを払って床に落とす生徒がいます。教室の備品を使ったのに元に戻さない生徒がいます。机や椅子を移動する際にきちんと持ち上げずに引きずる生徒がいます。給食中に床にこぼれた食べかすやソースをそのままにする生徒がいます。

こうした行為を私はけっして見逃しません。怒鳴るようなことはしませんが、淡々と注意し、そのつどカスを拾わせたり、備品を元に戻させたりします。そんなふうにしていると、教室の汚れはせいぜい綿ボコリ程度です。目立つようになったら掃除をする程度で済みます。

〈教室の掲示物〉

掲示物が華やかだと、明るくてよいクラスであるかのように見えます。しかし、それはいったい何のため？　生徒がそんな掲示物を求めているのかはきわめてナゾです。また、掲示物が多いと、集中力を欠いてしまう生徒もなかにはいます。

こうしたことから、生徒のほうから「○○を掲示してほしい」という要請があった場合に限り対応するようにしています。生徒のための教室なのですから、彼らのためになることであれば、おおいに掲示すればよいと思います。しかし、そんなケースは稀なので、掲示物に頭を悩ませたり、掲示物の制作に時間をとられるようなことはほとんどありません。

宿題にしても掃除にしても掲示物にしても共通することがあります。それは、行為そのものを目的化したルーティンにはけっしてしないということです。こうしたことは、この三つに限定されるものではないと思います。学校にはほかにも目的化された（無駄な）行為がたくさんあるのではないでしょうか。

仕事内容の峻別は、昨今、叫ばれている働き方改革を推進するうえで欠かせないと思います。精選ではなく、峻別です。精選のように「細かに注意して特によいものを選ぶこと」をしようとすると、教師の性《さが》と言うべきか「あれも大事、でもやっぱりこれも大事」となって、どれも選ぶことができなくなるからです。

それでも管理職から「早く帰りなさい」と指示されれば、一つ一つの仕事にかける時間の量を少しずつ減らして帳尻を合わせようとするでしょう。それでは、仕事全体の質を下げてしまい、本末転倒です。ですから、自分にとって「これは必要だからやる」「それ以外はやらない」と峻別してしまうのです。

そもそも教師の仕事で「やるべきではない」仕事を見つけることのほうがむずかしいはずです。どのような取組も、生徒の成長に何かしら寄与する側面があるからです。そのような意味で、学校はそもそもビルド&ビルドになりやすい職場なのです。

しかし、それではいつまで経っても、（自分にとっても周囲の人たちにとっても）望ましい働き方を見いだすことはできません。

そこで、提案です。「時間がない、足りない」を禁句にすることです。この言葉を言い続ける限り、「やってもやらなくてもどちらでもいい仕事」をやめることができません。切り替えるべきは、次への発想です。

「時間はつくるものだ」

いかにして仕事を減らすかではなく、目的遂行のために必要な仕事の結果を最大化するために、いかにして時間を生み出すかという発想です。

1日は24時間であるという絶対的な制約がある以上、この発想であれば、自分にとって必要のない仕事はすっぱりやめるしかないですよね。もういい加減、非効率ながんばりを評価する風土から抜け出す時期に来ているように思います。

また、「自分はいつ、いかなるときも（夜遅くだろうが、休みの日であろうが、かかわりなく）教師である」という認識に縛られているふしもあります。

わかりやすい例でいえば、電話対応です。

夜遅くまで残っていて、電話がかかってくれば受話器を取らなければなりません。電話の内容が保護者からの相談事などであれば、対応しなければならないし、受話器を取る前に進めていた仕事もストップしてしまいますよね。

加えて、夜遅くであれば教師も疲れ切っていて正常な思考が働かなくなっています。保護者のほうも、夜の時間帯は感情優位に働きます。このタイミングでお互いに接するのは最悪です。衝突する確度が高いからです。

「それは、仕方がないことなんじゃないか」と思われる方もいるかもしれませんが、私はそう思いません。「時間はつくるもの」という発想であれば、次の方法を取ることもできるからです。

18時～翌朝7時の時間帯は、留守電に切り替える。

これだけです。夜遅くにあれこれとバタバタしていた保護者対応の仕事がさくっとなくなります。さらに、翌朝であれば保護者のほうもある程度理性優位になっているし、教師も元気です。そのタイミングで接したほうが、間違いなく解決が早いし、むずかしい問題でもこじれにくいのです。

もし逆に、「24時間、受けつけます」としたらどうでしょう。保護者からすると、一見便利になったかのように見えて、夜の時間帯は前述のように感情が前面に出やすいし、宿直の教師がトイレなどに行っていて電話を取れなければ、「どういうことだ」とかえって腹を立てさせてしまうでしょう。

これは、学校現場だけではないようです。次は、Ｗｅｂエンジニアの知人から聞いた話です。

「土日でもユーザーからの問い合わせメールは確認し、月曜日に回答メールを送るのですが、土曜日の深夜に問い合わせがあり、翌日の日曜日に『問い合わせた件はどうなっていますか?」と確認のメールがよくきます。その場合には、日曜日でも対応しますが…」24時間、いつでも問い合わせができるから、ユーザーからすれば営業時間内に相談しているると思ってしまうわけです。

まったくもって、人間の心理というのはおもしろいと思います。

実際、勤務校で留守電対応を導入してみたところ、クレームなど一件もありませんでした。むしろ、保護者からの連絡自体が減り、さらに面倒ごとも減ってしまいました。教師も保護者も地域の人々も「そっか」で終わってしまったわけですから、何とも拍子抜けです。

この例からもわかるのは、**「区切る」という不便さをあえてつくることで、実はお互いの利便性が高まる**ということです。

留守電対応のみならず、「学校が対応するのは、ここまでだよ」という「区切り」を明確にしたほうが、生徒の学力保障はもちろんのこと、学級経営や部活動にも、教師と生徒、保護者三者にいい影響をもたらしてくれるのではないかと、私は考えています。

民間企業と同様に、若手でも校長になれるとしたら…

近年、民間企業では若くして起業し、自ら社長になる方がどんどん出てきています。20代はおろか、10代の方もいるくらいです。

さて、教師の世界に目を転じるとどうでしょう。自治体ごとの条例・規則によりますが、おおむね校長職に就けるのは、(ごく一部の例外を除いて)どんなに早くても40代歳以降といったところではないでしょうか。

これは、管理職選考試験を受ける要件として、多くの都道府県が「教職経験10年以上」であったり、「年齢40歳以上」などといった定めを置いているからです(神戸市のように、校長と教頭の昇任試験を廃止するとともに、年齢制限を引き下げるという動きも出ています)。

もし、20代でも校長になれるチャンスが与えられるようになれば、「ぜひ手腕を発揮してみたい」と意欲を燃やす方はきっと出てくると思います。

それに対して、「経験のない未熟な若手の経営によって学校が崩れる、家庭・地域の信頼を失うなどといったことが起きたらどうするんだ」といった声もあがるでしょう。

確かに経験そのものは大切な資質ですが、数ある資質の一つにしかすぎないと思います。何より、「若さ」というアドバンテージは無視できないと思います。体力や行動力、能力やバイタリティ、何よりやわらかい発想をもつ若手がもし、校長になることができたら…。学校にありがちな前年踏襲という悪しき枠組みを突破し、教育界の風通しをよくしてくれると私は思います。

もちろん、すべての学校の管理職が20代、30代であるべきだなどと考えているわけではありません。そういう道をつくることが、これからの時代には必要なのではないかということです。

かつて２００７年問題と言われたときには、ベテランがごそっと定年を迎え、代わって若い人を大量採用することになるから、「公教育のレベルが下がるのではないか」と騒がれました。しかし、結果はどうでしょう。逆です。レベルが下がるどころか、若手を中心として優秀な教師が増えたと思います。これは数の論理です。ひとところに多くの人が集まると、いい意味での競争（切磋琢磨）が生まれるのです。そうした結果の一つなのではないかと思います。

こうしたことから、管理職選考においても、制限をかけて入口を狭めるのではなく、むしろ門戸を全解放してしまったほうが、学校教育の可能性をより広げてくれるのではないか、そんなふうに私は考えています。

おわりに

本書を執筆することが決まり、いざ書く段になった途端、あまりの遅筆ぶりに驚く自分がいました。〝あれっ、こんなにも書けないものなのか〟と。

日々の国語の授業では、「書くこと」の指導を行っている私です。そんな私が、授業中に見かける生徒と同じように手が止まってしまうのです。〝伝えたいことはあるのに、どう伝えればいいのかわからない〟そんなもどかしさを思う存分に味わえたことで、生徒の身に立ち返るよい機会となりました。やはり「知っていること」と「できること」は違うんだなと再確認しました。

もう一つ、再確認できたことがあります。それは、「時間をつくろうと思えば、ちゃんとつくれるんだ」ということです。

平日の通常勤務に加えて土日には部活動があります。家族との時間も大切にしたいし、ときには一人でゆっくり休む時間もほしい。そんなほしがりの毎日を過ごしていても、平日や休日のちょっとした時間を使いながら、無事に書き終えることができました。

このように、新たな時間の捻出方法を体得できたおかげで、「今度はこの時間を使って何をしようかな」と楽しみが一つ増えました。

仕事であれ、プライベートであれ、本当に必要なことを必要なだけ行えばいいというスタンスであれば、「時間はつくれるものだ」と再確認できたわけです。

●「教師らしい」は誉め言葉か

妻からはよく「あなたは教師っぽいね」と言われます。ニュアンスとしては、褒め言葉というよりも皮肉が混じった感じです。なぜ、そういう言い方が成立するのでしょう。

それは、「教師とはどのような存在なのか」という（どちらかというとネガティブな）概念が、世の中に根づいているからではないでしょうか。

確かに、自分自身も勤めていて、学校社会には特有の概念があることを感じています。もし、それが実社会とのギャップを生んでしまうのだとしたら、（学校としてはその概念に価値を見いだしているのだとしても）実社会に摺り合わせていく試みが、これからの学校教育には必要なのではないかと思います。

「学校社会と実社会は地続きだ」という認識を子どもたち一人一人がもてれば、ギャップに悩むことなく、新社会人1年目から活躍できる確度が上がるのではないか。そうなるためにも、実社会との間に横たわる見えない壁を打ち砕ける教師が一人でも増えることを願っています。

＊

Jリーグの誕生とともに、友達に誘われてはじめたサッカー。その程度のきっかけではありましたが、かれこれ25年間もつき合っています。

中学生、高校生のころは休みなくボールを蹴り、大学でも離れられずにサッカー・サークルに所属していました。社会人になっても、子どもが生まれてからも、社会人リーグでプレーし続けていました。現在は、中学校サッカーの支部長を務め、いまもなお離れられずにいます。そんなサッカーを通じて知り合った人たちは、みな家族のようでした。一人一人の考え方の違いが、私を導いてくれました。

教師になってからも、多くの人に教えをいただき、特に前任校では教師としてのベースをつくってもらいました。よい面だけではない、私自身が解決したいと思える課題を見つけられる場でもありました。いずれも、これまでの私をアップデートしてくれた素材です。

本書が、読者のみなさまのアップデートを手助けできる素材の一つになってくれたら、著者としてこれほどの喜びはありません。

令和3年8月吉日　冨塚　大輔

使える学力の育て方

すべての生徒が自学自走できる授業づくり

2021（令和3）年9月1日　初版第1刷発行

著　者　冨塚 大輔
発行者　錦織圭之介
発行所　株式会社　東洋館出版社
〒113-0021　東京都文京区本駒込5-16-7
営業部　電話 03-3823-9206／FAX 03-3823-9208
編集部　電話 03-3823-9207／FAX 03-3823-9209
振替　00180-7-96823
URL　http://www.toyokan.co.jp
装　幀　中濱健治
印刷・製本　藤原印刷株式会社

ISBN978-4-491-04526-9　Printed in Japan